中国旅游经济蓝皮书
Blue Book of China's Tourism Economy

2018年中国旅游经济运行分析与2019年发展预测

CHINA'S TOURISM PERFORMANCE:
REVIEW & FORECAST (2018~2019)

中国旅游研究院

中国旅游出版社

《中国旅游经济蓝皮书》编委会

主　　任　戴　斌　中国旅游研究院院长 文化和旅游部数据中心主任　教授　博士生导师

编　　委　（按姓名音序排列）

戴　斌　蒋依依　李仲广　马仪亮　宋子千

唐晓云　吴丰林　吴　普　杨宏浩

《中国旅游经济蓝皮书》编辑部

主　　编　戴　斌

执行主编　马仪亮

编　　委　（按姓名音序排列）

戴　斌　戴慧慧　郭　娜　何琼峰　胡抚生　蒋依依

李创新　李慧芸　刘祥艳　李　雪　马仪亮　宋子千

唐晓云　吴　普　吴丰林　吴丽云　熊　娜　杨宏浩

杨劲松　杨丽琼　杨素珍　战冬梅　张佳仪　张　扬

张佑印

前　言

还记得在凯撒旅游集团做2018年开篇演讲，首次为导游发声，引发政商各界热议，仿佛还是昨天的事情，真是光阴荏苒啊，不过也是收获满满的一年。

过去一年里，我看见了更多的父老乡亲在大地上自由地旅行。受益于国有重点景区门票价格下调的政策利好，居民出游意愿持续高涨，国内旅游市场保持两位数的增长，还有超过1.4亿的公民在海外旅游，国民出游率接近人均4次。在千千万万的导游、领队、讲解员、司机、酒店服务员、客服专员、旅游演艺人员等一线从业人员的共同努力下，前三季度全国游客满意度增长了2.63%，达到78.19分的近年新高。"有得游、游得起、玩得好"的美丽中国旅游梦一天比一天变成现实。

过去的一年里，我看见了诗和远方终于在一起了。无论是国庆假日天安门广场"快闪"的《歌唱祖国》，还是境内外游客的脚步在博物馆、美术馆和戏剧场慢了下来，都意味着广大游客需要的不再只是美丽风景，更有美好生活。无论是文化和旅游部的组建，还是北京和全国各地文化和旅游厅（局、委）的挂牌，无论是投资热点，还是舆论焦点，都在说明一个越来越明显的事实：美好生活正在有机连接文化建设和旅游发展，大数据开始重构文化资源和旅游市场。从年初的国家机构改革方案公布的那天起，雒树刚部长和文化和旅游部党组就没有停止过融合发展的理论探讨和政策设计。从"文化遗产要保护好，也要活起来"，到"宜融则融，能融尽融"，再到"以文促旅，以旅彰文"，我们看到了"以人民为中心"的习近平新时代中国特色社会主义思想在旅游领域的贯彻落实，新时代旅游发展的方向、动力和路径日渐清晰。

在过去的一年里，我看见了中国梦正在成为入境旅游的新动能。从入境旅游时代的封闭红利，到大众旅游时代的人口红利，再到智慧旅游时代的技术红利，中国旅游业抓住一个又一个市场机遇，自然资源和历史文化资源得到充分的利用。在驻外旅游办事处主导的主流媒体平台、事件营销和会议展览之外，中国之窗、中国馆、中国文化中心等外宣窗口，孔子学院等教育机构，新华社、广电总台等媒体的国际化传播，以及《延禧攻略》等热播电视剧和《武侠世界》这样的互联网社交平台，都成为美丽中国的目的地形象推广新平台。从包括中国在内的全球客源流向和流量来看：世界自然和文化遗产仍然是旅游发展不可或缺的资源要素，而高品质的美好生活、完善的商业环境和公共服务，已经成为吸引异国他乡的游客流连忘返的主要动因。

正在到来的这一年，我对旅游业依然持乐观的预期，并将看见更多旅游人不忘初心、砥砺前行。诗和远方在一起后，能否过上美好的日子，需要我们以人民为中心，走高质量发展的兴旅道路，以文促旅、以旅彰文，坚守意识形态和安全生产两条底线。不断增强广大游客的品质获得感和社区居民的参与感，应当是当前和今后一个时期旅游发展的责之所系、利之所在，也是创新之动能。作为旅游业者的优秀代表和现代旅游业的坚强支撑，百万导游正在以其专业能力和敬业精神重塑职业尊严。广泛分布于旅行服务、旅游住宿、旅游景区以及交通、餐饮、文化娱乐、商业购物等领域的市场主体，无论是投资者，还是经营者，无论是传统业态，还是新业态，都在创业创新的道路努力前行。有人成功了，有人失败了，更多人坚持着，从市场和商业的角度看，这都很正常，我只想说：你们不忘初心、砥砺前行的样子，真得很赞！

让老百姓有得玩，是新时代普及国民旅游权利的题中之义。如果旅游产品创新落不到实处，服务品质得不到提升，增加居民收入、落实带薪休假、扩大文化休闲和旅游消费补贴等需求刺激政策，拉动就只可能是境外消费。近5000家博物馆、还有更多的科技馆、美术馆、图书馆，特别是沿海发达地区的公共文化中心，不断增加项目、内容和场景的同时，应以更大的力度向社会开放，向游客开放，让文化场馆成为主客共享的示范领域。要释放积极的鼓励信号，充分发挥国有、民营和社会资本在文化建设和旅游发展中的积极性和促进作用。

当前和今后一个时期，如何摸清楚文化建设的供给侧家底和旅游发展的需求侧变化，并将两者在数据层面有机结合起来，是文化和旅游领域大数据建设的首要任务。无论是决策参考的宏观数据，还是市场创新的微观数据，都是国之公器，都要科学设计指标，客观采集数据，都要为了公平和正义的目标而使用数据。从近年来的旅游大数据建设实践来看，发报告、做排名、发论文的工作做得不少，但是实际转化为政策储备的较少，能够支撑产业创新的实验数据就更为稀缺了。我们需要大数据支撑的政策设计和效能评估，更需要文化和旅游领域的贝尔试验室。

让老百姓玩得起，是国民大众能否共享旅游发展成果的重要观测指标。改革开放四十年来，旅游业之所以能够成为国家战略的有机组成部分，除了早期的入境旅游创汇的因素，就是因为城乡居民喝着白开水、吃着方便面、坐着绿皮火车，天南海北看风景看出来的。我们还处于大众旅游的初级阶段，既要看到少数人的消费升级，更要看到普通百姓的旅游权利。千万不能忘了老百姓的看风景和过生活的基本需求，千方百计把直观的、刚性的价格降下来，让老百姓玩得起，应当是政商各界身体力行的理念和共识。过去一年中，多数高等级景区与宏观政策相向而行，不同程度地下调了门票价格。也有的景区迫于政策压力而下调门票价格，但是产品创新和品质提升的内生动力不足。还有的景区通过提升强制性的内部交通费、减少服务项目、扩大商业经营范围等方式以弥补门票损失。

在国民参与的大众旅游新时代，在"主客共享"的全域旅游新方位，面对广大游客对美丽风景和美好生活的双重诉求，景区之外的交通、住宿、餐饮、购物、娱乐消费的价格，乃至手机漫游费的高低，都是社会广为关注的社会热点。事实上，旅游价格总体水平的下降，不仅是"旅游惠民"的政策要求，也是提升消费需求，扩大旅游市场的内在要求。在这个旅游发展理念和景区管理制度双重博弈的过程中，旅游市场监管机构在新的一年里还有更多的工作要做。

让老百姓玩得开心、游得放心，是新时代旅游发展以人民为中心的现实要求。2009年国务院《关于加快发展旅游业的意见》提出"把旅游业培育成国民经济的战略性支柱产业和人民群众更加满意的现代服务业"。2018年，原国家旅游局把"优质旅游"作为年度工作重点。从连续十年开展的游客满意度调查结果来看，无论是入境游客，还是国内游客，对休闲时间、公共服务、文化创意、诚信经营、信息获取、便利支付、投诉响应等涉旅供给和政策设计，还有很多不满意的地方。入境游客的满意度首次出现较大幅度的下滑，国民出境旅游人数和海外消费的超预期增长和满意度提升，都在提醒我们：如果不能让老百姓游得放心，玩得开心，旅游业就会失去持续增长的市场基础。提升服务品质已经是一项长期的任务，如何在文化和旅游融合发展的新时代贯彻落实好"人民群众的满意就是最大的政治"，像抓厕所革命那样抓旅游服务的品质提升，是广大游客的期待，更是旅游行政主管部门和业界共同的奋斗目标。

在诗和远方的日子里，我还想看见更多的文明旅游和理性消费。随着旅行经验的丰富，见多识广的国民在旅途中应当，也可以展现出从容、优雅和尊严。无论在邮轮上，还是在酒店里，取自助餐时都要养成排队、量取、光盘的习惯。无论在机场，还是在火车上，说话的声音都应以对方听清即可，或者安静地阅读。无论任何时候，任何地方，都要提醒自己：除了记忆，什么都不带走；除了脚印，什么都不留下。以游客的视角看居民和员工也好，以居民和员工的视角看游客也罢，人都是最美丽的风景。希望有一天，卞之琳先生的美丽诗篇在我们日常旅行中随处可见：你站在桥上看风景／看风景的人在楼上看你／明月装饰了你的窗子／你装饰了别人的梦。这么想着，就很美好。

旅游业的可持续发展是一项系统工程，它需要宏观和微观的统筹协调，需要社会各界的共同努力，也需要每个参与者都有获得感。**让广大员工特别是导游、客服、保洁等一线从业人员有获得感，让地方政府和社区居民有参与感，是新时代旅游业健康稳定可持续发展的宗旨和导向，也是现实保障和发展动力。**过去的几十年，一些自然和历史文化资源丰富的地方，因为交通等基础设施落后、经济活力和内生创新动力不足，只能寄希望于发展旅游业。加上短期内看上去无限增长的劳动力供给，我们将一部分受益，另一部分人受损的"非帕累托改进"视作理所当然。结果是误将短期作长期，陷入"投入少、见效快，永远的朝阳产业""政府主导、超前规划"之幻觉而不能自已。

今天的中国已经完成了旅游资源大国到旅游大国的历史进程，正在从旅游大国走向旅游强国。由小到大，可以自己发展自己，无视别人的感受，或者说别人也不在意你起步的那一点成就。但是从大到强就不行了，无论是外部的消费市场，还是内部的生产要素，都将面临前所未有的竞争。不是说一开发旅游，土地资源就会源源不断地供给了。地方政府会计算啊，如果发展高效农业、绿色工业、信息产业而不是旅游业，是不是会带来更快的经济、就业和税收增长？也不是一说旅游，劳动力资源就会蜂拥而至了。他们同样会计算，如果到金融、教育、交通等领域，是不是会有更多的工资收入，会有更高的社会地位？就是移民安置和动迁人口，也希望有更高质量的就业，希望可以通过自己的努力和政府的帮助去实现阶层的流动，而不是一辈子甚至是下辈子都处于低水平就业的阶层。事实上，从土地、劳动到资本，从政府、企业到居民，从要素市场到消费市场，一些不利于旅游业可持续发展的抑制因素正在积聚，不可不察、不可不谋。如何兼顾效率和公平，学会与地方政府、社区居民和企业员工共商共建共享，不仅是旅游主管部门，也是各级各类旅游企事业单位都需要思考，将切实付诸行动的现实课题。

很多时候，我们之所以选择旅游业，不仅仅因为它可以带来收入和职位，更因为它给予了你我为国为民而尽忠竭智的时代机遇。幸福都是奋斗出来的，为了更多人的诗与远方，旅游人愿意、应当，也有能力砥砺前行！

本书是中国旅游研究院（文化和旅游部数据中心）"中国旅游经济蓝皮书"系

列年度报告的第十一部。全书凝结了全院的集体智慧，由戴斌负责总体学术指导和最终审定。马仪亮负责具体组织及初审，李仲广、唐晓云和宋子千进行二审。各章执笔人员如下：第一章马仪亮、唐晓云、宋子千；第二章蒋依依、戴慧慧、李慧芸、杨素珍、李创新；第三章杨宏浩、吴丽云、战冬梅、张杨；第四章吴普、胡抚生，熊娜；第五章张佑印、郭娜、吴丰林、黄璜、李雪；第六章张佳仪、何琼峰；第七章刘祥艳；第八章杨丽琼、杨劲松。

中国旅游研究院院长、
文化和旅游部数据中心主任、
教授、博士生导师
2018年12月27日

CONTENTS 目 录

第一章 旅游经济总体运行状况与发展预测 …………………………… 1
    一、2018年我国旅游经济运行平稳 …………………………… 2
    二、2019年旅游经济发展预期谨慎乐观 ……………………… 8
    三、文旅融合开启旅游经济发展新篇章 ……………………… 12

第二章 旅游需求特征与市场演化 …………………………………… 15
    一、2018年旅游市场运行分析 ………………………………… 16
    二、2018年旅游休闲需求特征变化 …………………………… 17
    三、2018年节假日旅游需求特征 ……………………………… 24
    四、2019年旅游市场趋势预测 ………………………………… 26

第三章 旅游产业发展态势与发展趋势 ……………………………… 29
    一、2018年旅游产业运行较为景气 …………………………… 30
    二、2018年旅游产业运行态势 ………………………………… 31
    三、2019年旅游产业发展趋势 ………………………………… 42
    四、政策建议 …………………………………………………… 47

第四章 旅游公共服务和旅游治理 …………………………………… 49
    一、2018年我国旅游公共服务与治理进展 …………………… 50

二、我国旅游公共服务与旅游管理新要求及趋势……………………53
　　三、优化旅游公共服务与旅游治理的建议…………………………55

第五章　国民休闲与区域旅游发展……………………………………59
　　一、国民休闲"两优一减"的总特征稳中向优………………………60
　　二、区域旅游发展格局稳中有变，均衡趋势渐显……………………64
　　三、国内旅游发展新业态及新经验不断涌现…………………………66
　　四、2019国民休闲与区域旅游发展趋势与发展建议…………………68

第六章　旅游服务质量发展评价…………………………………………73
　　一、全国旅游服务质量稳中有升………………………………………74
　　二、2018年旅游服务质量的新诉求……………………………………79
　　三、政策建议……………………………………………………………81

第七章　港澳台旅游发展现状与展望……………………………………85
　　一、港澳台旅游发展现状及趋势………………………………………86
　　二、内地与港澳、大陆与台湾旅游交往的机遇………………………93
　　三、内地与港澳、大陆与台湾旅游交往面临的挑战及建议…………94

第八章　世界旅游发展态势与国际旅游合作……………………………97
　　一、全球旅游业稳中有升，中国引领世界旅游新格局………………98
　　二、我国国际旅游合作多层级全面化，辐射带动世界旅游发展……106
　　三、未来旅游业仍将扮演经济增长的重要角色………………………111

第一章
旅游经济总体运行状况与发展预测

2018年，在党中央、国务院坚强领导下，全国旅游系统奋发努力，旅游经济继续保持高于 GDP 增速的较快增长，基本完成了年初制定的各项工作目标。2018年，国内旅游市场继续保持高速增长，入出境市场平稳发展，文旅融合取得新进展，全域旅游成为社会发展共识和重要行动指引，旅游服务质量进入品质旅游新轨道，区域旅游均衡化趋势进一步显现，旅游在外交和港澳台事务中的作用更加突出。2019年是深入贯彻十九大精神的重要一年，是旅游系统扩大落实习近平总书记"两山"理论等新时代中国特色社会主义思想的重要时期，中国旅游经济发展预期乐观，将继续保持领先发展的主基调，在"保增长、调结构、惠民生"等方面发挥更加积极的作用。

一、2018年我国旅游经济运行平稳

（一）旅游发展环境总体良好，国际经济规则酝酿深刻调整

1. 世界经济延续涨势，游客出游的经济基础相对稳固

2018年世界经济延续温和增长，但动能有所放缓。主要经济体增长态势、通胀水平和货币政策分化明显，美国经济表现超出市场预期。一方面，主要发达经济体经济维持相对强劲的增长。2018年前三季度美国实际 GDP 按年率分别增长 2.2%、4.2% 和 3.5%，其中第二和第三季度增速明显超过 2017 年同期的 3.0% 和 2.8%；10月美国失业率保持在 3.7%，为 49 年来最低。欧元区经济保持稳步增长，前三季度实际 GDP 同比增速分别为 2.4%、2.2% 和 1.7%，德国、法国经济继续发挥龙头和引擎作用，希腊经济经历长期衰退后复苏步伐有所加快；2018年9月欧元区失业率保持在 8.1%，处于 2008 年 9 月以来最低。日本经济一季度环比萎缩 0.9%，二季度实现 3% 的反弹，7月以来制造业 PMI 一直

处于50荣枯线以上，显示经济仍处扩张状态。另一方面，主要新兴经济体经济实现不同程度的复苏。印度经济增长比较强劲，前两个季度GDP同比增速分别为7.7%和8.2%，较2017年同期增速分别提高1.6和2.6个百分点。俄罗斯、巴西等能源资源出口国经济保持复苏态势，前两个季度，俄罗斯GDP同比分别增长1.3%和1.9%，9月失业率降至4.5%，为1992年以来最低；巴西GDP同比分别增长1.2%和1%，明显超过2017年同期0和0.4%的增速。世界经济继续复苏，保证全球多数居民财富和收入稳定增长，出游能力和预期得以保障。

2. 世界旅游景气延续，助力我国入境旅游市场稳步进入回升通道

UNWTO数据显示，2018年世界旅游市场继续保持较快增长，前三季度全球国际过夜游客较2017年同期增长5%。其中，亚太地区、欧洲和中东、非洲和美洲分别增长7%、6%、5%和3%。2018年世界旅游景气较2017年略有下降，但整体市场增速预计接近5%，同比增长较2017年下降约2个百分点，但依旧高于全球经济增长速度。世界旅游稳定增长，为我国入境旅游发展提供动力，推动我国入境旅游市场稳步进入缓慢回升通道。鉴于美国的系列政策举措成为2018年影响世界经济增长、扰动国际金融市场和改变国际经贸规则的主要源头，世界经济及旅游增长的下行压力增加等因素，我国入境旅游市场回升的基础并不稳固。

3. 国内经济稳中有进，旅游消费之于经济增长的作用愈发突出

初步核算，2018年前三季度国内生产总值650899亿元，按可比价格计算，同比增长6.7%，增速比上年同期回落0.1个百分点，但"稳"的格局没有改变。从增长来看，前三季度GDP增速为6.7%，这为全年实现6.5%左右的增长目标打下扎实的基础。从就业来看，9月全国城镇调查失业率是4.9%，比上月和上年同期都分别下降0.1个百分点。前三季度城镇新增就业超过1100万人，提前一个季度完成了全年的目标任务。从价格来看，居民消费价格前三季度上涨2.1%，涨幅比上半年略微扩大0.1个百分点。如果扣除食品和能源，核心CPI前三季度上涨2.0%，和上半年持平，价格总水平较为平稳。从居民收入来看，前三季度全国居民人均可支配收入实际增长6.6%，增速和上半年持平，和经济增长速度基本同步。2018年9月19日，李克强总理在2018夏季达沃斯开幕致辞中表示，"消费对中国经济增长的贡献率已经超过60%，中国经济增长的格局已经发生了重大的变革"。2018年前三季度，消费对我国GDP增长的贡献率显著增大，达到78%，比2017年同期高13.5个百分点。目前，旅游支出占城乡居民消费支出的比例超过20%，对经济增长的贡献能力和作用越来越突出。

4. 政策环境进一步优化，文旅融合开局顺利

2018年是文化和旅游融合发展的开局之年，旅游业发展环境继续不断优化。年初政府工作报告把出境旅游增长作为民生改善的巨大成就，释放鼓励消费积极信号，部署推进厕所革命、创建全域旅游示范区、降低国有重点景区门票价格等重点工作，国家、地方文化和旅游部门机构改革顺利推进，多部门联合推动旅游业发展的格局已经形成。2018年5月18~19日召开的全国生态环境保护大会上，习近平总书记发表重要讲话，详细论述："旅游使人们在体力上和精神上得到休息，开阔眼界，增长知识，推动社会发展和文明进步。旅游业是一个产业群，核心是旅游资源、旅游设施、旅游服务，旅游业主要通过劳动服务的形式，满足旅游者进行旅行游览的消费需要，其行业基本特征是非生产性，具有资源消耗低、带动系数大、就业机会多、综合效益好等特性，相对其他产业旅游业污染环境少、破坏生态少、能源消耗少，是一种绿色产业，是生态文明建设的重要载体。"2018年以来，其他领导人也多次关心旅游业发展，国务院常委会先后多次讨论涉旅事项，尤其是国务院机构改革推进文化和旅游融合，31个省市区文化和旅游厅年内全部挂牌，旅游发展的空间更加广阔、政治经济基础更加务实，发展动能更加强劲。

（二）旅游经济运行总体平稳、稳中有进

根据《2017年中国旅游业统计公报》，2017年我国国内旅游人数50.01亿人次，收入4.57万亿元，分别比上年增长12.8%和15.9%；入境旅游人数1.39亿人次，实现国际旅游收入1234亿美元，分别比上年增长0.8%和2.9%；中国公民出境旅游人数达到1.31亿人次，旅游花费1152.9亿美元，分别比上年增长7.0%和5.0%；全年实现旅游业总收入5.40万亿元，同比增长15.1%。全年全国旅游业对GDP的综合贡献为9.13万亿元，占GDP总量的11.04%。旅游直接就业2825万人，旅游直接和间接就业7990万人，占全国就业总人口的10.28%。2018年，旅游经济继续保持明显领先于GDP的增速增长，全年我

国国内旅游人数55.39亿人次，收入5.13万亿元，分别比上年增长10.76%和12.3%；预计入境旅游人数1.41亿人次，实现国际旅游收入1271亿美元，分别比上年增长1.2%和3%；中国公民出境旅游人数达到1.50亿人次，比上年增长14.7%；全年实现旅游总收入5.97万亿元，同比增长10.5%，基本实现年初制定的各项目标，并表现出诸多亮点：

1. 旅游成为居民消费升级的重要指向，城镇化主导旅游人数和消费流动

据瑞士信贷银行发布的《2015年度财富报告》数据，全球中产阶层已由2000年的5.24亿人增加至2015年的6.64亿人，相当于成年总人口的14%；其所拥有的财富也从2000年的44.4万亿美元增至80.7万亿美元，占全球财富的32%。在世界各国中，中国中产阶层的增长最为令人关注。根据《经济学人》的估计，中国的中产阶层人数已达2.25亿，所掌握的财富仅次于美国与日本。世界银行称，截至2020年，中国更富有的家庭将超过2亿个，这些人口将把约19%的年薪用于出国旅游。随着经济持续较快发展，我国居民收入水平不断提高，人民美好生活需要日益广泛，对物质文化生活提出了更高要求，集中体现为消费结构的升级。一是消费的品质在升级，从温饱型向小康型转变；二是消费的对象在升级，从以产品为重点向以服务为重点转变；三是消费的方式在升级，从线下为主向线上为主转变；四是消费的行为在升级，从标准化向个性化转变。以中产阶层人群为代表的国人追求更加优质的产品和服务，高品质休闲旅游和定制旅游正在成为热点。胡润研究院长期跟踪数据表明，我国高净值人群消费去向前三位分别是日常奢侈品、送礼和教育。时至2018年，高净值人群的最偏好的消费选择分别是旅游、日常奢侈品和子女教育，选择比例分别为27%、25%和21%。可以说，旅游越来越成为富起来的中国人最佳消费青睐活动。与此同时，随着城市化不断纵深化发展，以及城市居民出游能力、出游意愿更高，休闲时间更加充分等原因，我国居民出游频次和花费不断向城市集中。2017年，我国城镇居民出游人数占比为73.5%，旅游花费占比为82.5%。2018年，两项比例分别提升为74.4%和83.1%。

2. 文旅融合助力产业投资，旅游产业经营绩效提升

旅游就业存量和固定资产投资仍然保持增长趋势，与文化和旅游融合相关的投资并购不断涌现。总投资逾100亿元的黄石旅游度假区落地四川巴中，华侨城4.8亿元收购剑门旅游80%股权。以美团大众点评为代表的互联网公司，在服务本地居民的衣食住行和休闲娱乐的同时，开始战略性进入旅游业。在"文化+""旅游+"的融合发展过程中，上海创图、精彩旅图等广泛应用大数据、云计算、人工智能等商业技术，把越来越多的城乡居民休闲资源转化成群众喜爱的旅游产品。同时，2018年国内经济下行压力较大，旅游产业运行受到拖累，产业景气呈现"先扩张后收缩"的态势，每季度旅游经济运行综合指数（TEP-CTA）总体处于"相对景气"水平，分别为119.11、115.93和113.89和112.49，同比分别增长了3.11、-2.73和-3.5和-3.78。相较之下，旅游产业经济绩效仍然保持相对领先的发展态势。2018年上半年，25家旅游上市公司合计实现的净利润总额为63.54亿元，同比增长27.56%。同期，沪主板上市公司净利润累计同比增长14.06%，中小板、创业板上市公司中期报告净利润增速分别仅为13.57%、8.08%。此外，信息技术、网络技术、交通技术的快速发展，促进了旅游需求多样化、旅游管理信息化、旅游装备科技化。在线旅游预订业务、电子旅游信息、电子签证和电子商务等正在改变旅游业的市场环境，社交网络的广泛应用也在改变旅游业的面貌。

3. 旅游市场进入存量博弈时代，景区导流作用更加明显

囿于人口结构、经济增速、游客旅游经验、旅游吸引物增加等各方面原因，单个旅游景区或项目吸引游客的规模很难在量上取得如前几年类似的突破，特别对于老牌景区或旅游项目而言，通过吸引更多游客的方式增加营收的难度越来越大，而在既有游客规模下通过增加二次消费吸引逐渐成为景区发展的基础路径。上市公司黄山旅游2018年半年报显示，期内共接待进山游客148.14万人次，同比下降9.94%。且2015年至2017年，其进山游客数分别为318.28万人次、330.08万人次、336.87万人次，增速分别是7.1%、3.71%、2.1%，增速呈逐年下滑趋势。相比之下，同期黄山市共接待游客3004.2万人次，同比2017年增长12.13%。上市公司张家界情况类似，2018年上半年公司所辖景区景点公司实现购票人数253.52万人次，比上年同期减少277.21万人次，同比降低8.55%。然而，同期张家界市接待国内外游客总人数为1742.44万人，同比增长7.28%。上述两大景区数据表明，今后旅游市场竞争的主战场转化为存量博弈，而景区越来越成为旅游目的地和其他业态的流量入口。

4. 国民休闲"两优一减"的总特征稳中向优，假日旅游成为新民俗

一方面，研究数据表明，2012年我国城镇和农村居民分别有1774小时和1766小时的旅游休闲时间，2017年分别减少为1407小时和1441小时，减少幅度分别为20.7%和18.4%。2018年，为了有效增加居民休闲时间，刺激旅游休闲消费需求，有关部门已把落实职工带薪休假制度作为重要抓手，通过多种形式提出大力落实职工带薪休假制度，保障职工合法权益。同时鼓励弹性作息和错峰休假，避免集中休假的负面影响。国民休闲环境进一步优化，城乡居民的休闲时间减少的趋势有所减缓。此外，居民居家休闲的比重不断下降，远距离休闲比重则稳步上升，居民的休闲空间呈持续延展的趋势。即城乡居民不再满足于居家或社区内休闲，公园绿地、环城郊野、旅游景区成为重要的休闲空间。新型城镇化、新农村建设和美丽乡村等，正在逐步扭转"重生产、轻生活"的建设倾向，规划更加重视休闲游憩功能，加强文化设施、体育健身场所、公园绿地等公共服务设施建设，构建便捷生活服务圈，城乡居民社区休闲空间明显改善，城乡差距逐步缩减。另一方面，在休闲的经济能力越来越强，休闲偏好越来越盛行，而休假时间硬约束，特别是带薪休假覆盖面不足的背景下，假期出游越来越成为居民旅游的常态。且假日期间，越来越多游客把参观红色旅游景点作为出游首选。2018年国庆期间大量游客以观看升国旗、"快闪"《歌唱祖国》、"我为祖国送祝福"、参观博物馆和红色景区等不同形式庆祝新中国69周年华诞。

5. 旅游服务质量稳中有升，美好生活引发对优质旅游的更多期待

中国旅游研究院（文化和旅游部数据中心）旅游服务质量调查数据显示，2018年全国旅游服务质量稳中有升，综合评价指数为77.91，同比增长2.50%。国内游客服务质量评价指数为77.75，同比增长4.19%；入境游客对我国服务质量评价指数为80.13，同比下降9.09%；出境游客对我国服务质量评价指数为77.81，同比增长2.33%。人民对美好生活向往决定了对旅游服务品质有着更高的期待。中国旅游研究院院长戴斌指出，大众旅游时代的星空是服务品质，是广大游客在深度体验城市过程中的日常获得感。从游客的行前搜索和游后评论可以看出，除签证、免税、气候与景点等基本信息外，游客更愿意融入目的地的公共休闲空间和日常生活场景中去。他们既要浏览异国他乡的秀美山川和波澜壮阔的历史画卷，也要适时地、自然地融入当地城乡居民的公共空间和日常生活,而这种融入体验需要依赖优质旅游的发展来实现。

6. 旅游担当更加务实,"主场外交"成为国际旅游合作亮点

利用我国推动国际合作的系列主场外交活动,各国参会者对我国的社会主义物质文明、精神文明、政治文明和生态文明更加"有感",多边文化交流和旅游合作不断深化。2018年主办的上海合作组织峰会、中非合作论坛、G20峰会,以及诸多旅游年活动,相关部门积极作为,发挥旅游外交的优势,对外宣传和输出中国文化。2018年5月召开首届上合组织成员国旅游部长会议,包括中国在内的8个上合组织成员国旅游部代表回顾了近年在旅游领域的合作成果与经验,并讨论完善《2019~2020年落实〈上海合作组织成员国旅游合作发展纲要〉联合行动计划》。各国着力提升旅游往来便利化,简化签证手续,扩大航线航班,促进旅游企业及相关产业间合作,共同开发推介旅游产品,促进了成员国之间的旅游发展与繁荣。这些主场举办的大型活动,极大地增进了国家间互信,对不断深化旅游合作,构建更加紧密的命运共同体具有积极的作用。

二、2019年旅游经济发展预期谨慎乐观

(一)利好:宏观经济和居民收入大概率保持中高速增长

宏观经济中高速增长可期。2018年7月,瑞银经济报告对我国2019年的经济增长预期为6.2%。同月,国际货币基金组织(IMF)对包括中国在内的世界各国的2018年和2019年经济(GDP)增速做了预测,认为中国在2018年的经济增速为6.6%,2019年为6.4%。IMF表示,尽管中国GDP增速有所减缓,但经济发展依然非常强劲,减缓只是经济正常且是恰当的转型过程。

消费活力将进一步蓄积和释放。2019年,更大规模、更大力度地全面减税以及适度扩大赤字率等更加积极的政策有望落地。促进消费增长的有利条件包括:一是新一轮个税改革助推居民增收。新一轮个税改革将起征点调高至每月5000元,3%、10%和20%三档税率级距扩大,同时增加子女教育、继续教育、大病医疗、房贷利息和房租以及赡养老人等六项支出的专项附加扣除。二是消费

体制机制和政策环境更趋完善。2018年9月,《中共中央国务院关于完善促进消费体制机制进一步激发居民消费潜力的若干意见》以及《完善促进消费体制机制实施方案(2018~2020年)》发布,将推动优化消费政策体系、标准体系和信用体系,有利于激发居民消费潜力。三是居民消费信心和消费意愿较强。自2017年9月份以来,消费者信心指数连续13个月高于115,处于近30年以来较高水平;消费意愿比例均保持在24%以上,处于2009年二季度以来较高区间。

旅游投资获得更有力支撑。2019年,支撑投资增长的因素包括:一是一系列稳投资政策相继出台。2018年7月31日,中央政治局会议将稳投资作为"六稳"之一,随后有关部门加快了项目审批,加大了项目储备,推动一大批项目开工建设,2019年政策效应将逐步释放。二是补短板成为供给侧结构性改革的重点任务,特别是基础设施等领域补短板力度将加大。2018年10月31日,国务院发布《关于保持基础设施领域补短板力度的指导意见》,各地方陆续出台了补短板计划,预计基建投资将逐步回升。三是民营企业获得各方面更大支持。2018年11月1日,习近平总书记主持召开民营企业座谈会,提出了支持民企发展6项举措,随后各部门、各地方支持民企的热情高涨、新招迭出,预计民间投资将稳定增长甚至进一步加快增长。综合考虑,预计2019年投资将增长6%左右,增速比2018年有所回升。其中,旅游投资兼具经济和社会属性,是各类社会投资的首选。

文旅融合孕育旅游发展新动能。2018年12月10日举办的中国旅游集团发展论坛上,雒树刚部长指出,文化和旅游部组建以来,按照中央的要求和部署,统筹推进文化事业、文化产业和旅游业融合发展,明确了"宜融则融,能融尽融,以文促旅,以旅彰文"的工作思路,在文化旅游领域对外和对港澳台工作中持续凸现融合发展的主题,在扩大优质旅游产品供给,提倡文明旅游和安全旅游,加强旅游市场秩序治理等方面也是紧紧围绕融合发展的主题,稳步推进旅游系统的规范建设和旅游行业的创新发展。各地文化建设和旅游融合发展的积极性空前高涨,文化和旅游融合发展的路径逐渐清晰。2019年,文旅融合经济效应开始释放的第一年,文化赋能旅游发展序幕开启。

(二)利空:外围环境复杂,旅游经济发展新旧动能拉锯

国际、国内经济下行风险加大。2019年,世界经济增长动能有所削弱,不

确定性、不稳定性因素增多，下行风险加大，全球GDP增速或进一步下降。美国采取保护主义、单边主义和构建新型经贸规则"三箭齐发"的政策组合，推动国际经贸规则同时出现保守化和碎片化，对国际、国内经济产生利空影响。一是保守化。美国抛开WTO框架下的反倾销、反补贴等措施，更多采取基于国内法的"301"调查、"232"调查等，对进口商品增加关税壁垒，下一步不排除对技术等出口施加更多管制。美国的保护主义加上其贸易伙伴的普遍反制，将显著提高各种关税和非关税壁垒，导致国际贸易自由化水平出现严重倒退。二是碎片化。美国政府奉行单边主义，期望通过"一对一"的施压和谈判达成有利于美国的系列经贸协定。在美国的影响下，国际金融危机爆发后就已出现的区域贸易协定缔结浪潮或呈愈演愈烈之势。这将对以WTO为核心的多边贸易体制造成巨大冲击，国际经贸规则的"意大利面条碗"效应将日益明显。2018年10月国际货币基金组织预计，2019年世界经济增速为3.7%，与2018年持平，但不排除1月下调该预测值的可能性。高盛集团等机构预测，由于全球金融条件收紧，2019年世界经济或呈疲软态势，增速较2018年进一步下降。国内方面，我国经济处于增长与改革的关键时期，驱动经济增长的新旧动能处于博弈阶段，新动能处于培育和上升期，旧动能仍主导着经济增长。在外部环境严峻复杂和调控政策收紧的双重压力下，国内投资增长持续下滑，企业债务风险时有发生，居民消费增长乏力，出口前景不容乐观，宏观经济面临较大不确定性，增长的下行压力凸显。国际、国内经济下行压力，势必一定程度向旅游经济传导。

居民负债和杠杆率高企挤出旅游消费。截至2017年年底，珠三角地区城市住户杠杆（住户贷款余额/住户存款余额）率达82.44%，长三角地区达74.21%。全国一线城市住户杠杆率达96.07%，二线城市达80.17%。其中，深圳、珠海、合肥、南京、杭州、苏州等城市杠杆率超过100%，且增长速度非常快。截至2018年9月，我国住户贷款总额已经超过46万亿元，同期住户存款为70万亿左右，贷款占存款的比例达到了65.8%，相比2017年9月的60.8%又提高了5个百分点。居民债务负担对社会消费造成挤出，如2014~2017年居民住房贷款同比上年分别增长17.78%、23.58%、37.4%、21.67%，同期我国消费品零售总额增长速度却呈连续下降态势，2014~2017年同比分别增长12%、10.7%、10.4%、10.2%，2018年全年增速可能低于10%。作为最终消费的重要构成，居民债务负担势必对旅游消费同样造成挤出效应，使得近年来居民出游花费增速较出游人数增速高出幅度越来越低。如 2017 年两项增速之差为 3.16，2018 年仅为 1.54。甚至在 2018 年端午节等假日期间，人均旅游消费额出现微弱负增长。此外，从负债方式上，近年来许多居民通过现金贷、P2P 等渠道借贷逐渐增多，但现金贷日益暴露出利率过高、催债手段恶劣、恶意借贷等问题，近来 P2P 也因信息不对称、平台风险监控不力等问题引发大量"爆雷"，这些无疑都会增大居民债务风险，不利于旅游消费的长期可持续发展。

财富效应和收入效应抑制旅游消费预期。金融资产方面，截至 2018 年 12 月 10 日收盘，上证指数年内跌超 21.87%，深圳成指跌超 30.83%。2018 年以前成立的 288 只普通股票型基金中，前 11 个月仅有 5 只基金取得了正收益，占比仅有 1.7%，净值亏损超过 30% 的普通股票型基金数量达到了 31 只，亏损在 20%~30% 之间的更是达到了 124 只，亏损在 10% 以内的有 128 只。截至 2018 年 11 月底，已有 577 只基金清盘，这一数据已经超过以往 19 年里 246 只清盘公募基金总数的 2 倍。不动产方面，2018 年 10 月，除北京外，深圳、上海及广州几座一线城市房价均有所下降，其中广州房价中位数比 9 月下降了 3392 元/平方米。同期准一线城市房价环比平均下跌 1.415%，跌幅比上月进一步扩大 1.25 个百分点。金融和大类资产价格下跌，导致居民感受到的财富实际余额下降。预计 2019 年这一财富缩水的趋势难以逆转，势必影响居民旅游消费热情。此外，2018 年，全国居民人均可支配收入 28228 元，扣除价格因素实际增长 6.5%。其中，城镇居民人均可支配收入 39251 元，扣除价格因素实际增长 5.6%；农村居民人均可支配收入 14617 元，扣除价格因素实际增长 6.6%。居民收入增速已经降至 GDP 增速同档水平，其中城镇居民可支配收入增速较 GDP 增速低 1 个百分点，收入增速变慢的预期同样对 2019 年旅游消费造成抑制。

新的旅游消费热点有待培育。我国城乡居民收入逐渐收敛，相比之下，我国国内农村居民出游人数、出游率和人均花费不但大大低于城镇居民，而且差距越来越明显。此外，品质旅游时代，休闲度假产品供给结构性短缺，邮轮、游艇、中医保健、体育旅游、低空旅游等专项市场发展不充分、不平衡。互联网等技术驱动已经释放殆尽，AI、VR 等技术仍在探索阶段，文创方面尚无现象级企业出现，创新激发不够，释放旅游消费潜力、提升旅游消费层级、培育科技和文创新动能还任重道远，旅游消费热点培育速度出现变缓迹象。

（三）预期：旅游经济步入文旅融合时代

综合国内外发展环境和旅游业发展态势，对 2019 年旅游经济总体持乐观预期。旅游经济将迈入文旅融合新时代和繁荣发展的新通道：国内旅游持续增长，出境旅游稳定增长，入境旅游平稳发展，产业运行保持景气水平，旅游投资维持高位，旅游就业稳步增加。预计 2019 年国内旅游人数 60.6 亿人次，国内旅游收入 5.6 万亿元，分别比上年增长 9.5% 和 10%；入境旅游人数 1.43 亿人次，国际旅游收入 1296 亿美元，分别比上年增长 1% 和 2%；中国公民出境旅游人数约 1.66 亿人次，比上年增长 11%；全年实现旅游总收入 6.52 万亿元，同比增长 9.3%。

三、文旅融合开启旅游经济发展新篇章

组建文化和旅游部是以习近平同志为核心的党中央着眼于提高国家文化软实力和中华文化影响力，推动文化事业、文化产业和旅游业融合发展做出的重大战略决策，充分体现了党中央对文化和旅游工作的高度重视，对文化和旅游系统的关心关怀。2019 年将是文化和旅游融合由行政领域向经济领域扩散的关键之年，全国旅游行业要深入学习十九大精神和习近平总书记关于旅游的重要讲话精神，把党的建设融入旅游行业发展，按照"宜融则融，能融尽融；以文促旅，以旅彰文"的工作思路，在扩大优质旅游产品供给、提倡文明旅游和安全旅游、加强旅游市场秩序治理、鼓励民营企业发展，进一步夯实旅游强国三步走的战略基础，不断深化全域旅游、供给侧改革、旅游外交等一系列重点工作。

（一）以供给侧改革促进品质旅游发展，增强游客获得感

经过改革开放 40 年的发展，广大游客对旅游的追求基本上实现了从"无"到"有"的消费大众化的转变，正在实现从"有"到"优"的需求品质化跨越。然而，旅游业发展不平衡、不充分的问题长期存在，品质旅游需求没有得到充

分满足。雒树刚部长曾坦诚指出，伴随着大众旅游时代的到来，节假日及高峰期出行难、停车难、入园难、赏景难、如厕难等问题依然突出，强迫购物、欺诈消费、酒店和餐饮卫生不达标、服务不规范、游客不满意的现象在很多地方还不同程度地存在。并表示"旅游行业贯彻落实好以人民为中心的发展理念，就是要遵循游客至上、服务至诚的国家旅游业核心价值观，持续提高人民群众的文化和旅游获得感。要打好行政监管和经济调控的组合拳，发挥民间组织在行业管理中的作用，引导和鼓励旅游企业守法经营，诚信为本，切实整改已经反映出来的服务质量问题，尤其是在线旅游企业订单不实、酒店卫生屡遭诟病、黑导游屡禁不止、境外旅游安全问题增多等广大游客反映强烈的社会关注度高的热点问题，标本兼治，不断提升旅游服务品质。

（二）以文化拓展旅游经济发展空间，以旅游提升文化服务效能

一方面，党的十八以来，中央就繁荣发展哲学社会科学、繁荣发展社会主义文艺、中华优秀传统文化传承发展、深化文化体制改革、推动文化大发展大繁荣、建设新时代中国特色文化软实力等一系列决定和意见，为新时期文化和旅游融合发展指明了方向。除了要进一步贴近游客需求，挖掘、活化包括历史文化、文物古迹以及交响乐、管弦乐、芭蕾舞、民歌、民族舞、诗歌、动漫、小说、美术、电影等在内的数量巨大、类型多样、丰富多彩的文化资源存量，提升旅游的文化吸引。另一方面，传统文化和现代文明是社会主义核心价值观的主要表现形式，是国家软实力的核心组成部分，为旅游发展和目的地建设提供了必不可少的内容。新时代，要依托城乡居民丰富多彩的当代文化加快丰富旅游资源和产品体系，充分考量游客对美好生活的需要，对异地生活方式和日常文化消费的分享需要，不断拓展文化传承与创新的空间，通过旅游发展为文化传承提供新的空间和新的渠道，为文化创造注入新的动力，进而提升文化服务的效能。

（三）培育文化和旅游市场主体，优化营商环境

从各地文化和旅游发展格局来看，市场主体和商业环境仍然是主要短板。文旅融合新时代，进一步营造有利于文化和旅游企业发展的营商环境，坚定不

移地走市场化和产业化的发展道路，通过更大力度的财政和金融政策支持旅游企业的创业创新，提升微观市场主体活力。并更大范围依托旅行社、线上旅游代理商等旅行服务业态，星级饭店、宾馆、酒店、民宿、汽车旅馆等旅游住宿业态，A级景区、主题公园、博物馆、美术馆、科技馆、历史文化街区等旅游景区业态，免税店、购物中心、精品店、工厂店、创意坊等旅游购物业态，餐馆、酒吧、茶馆、咖啡馆等旅游餐饮业态，戏剧场、电影院、公园、广场等文化休闲场所，以及地铁、出租车、公交车、共享单车所构成的目的地交通体系，将丰富多彩的文化和旅游资源存量转化为现实的旅游产品，扩大优质旅游产品供给，提升旅游服务水平，旅游综合效益和市场满意度。

（四）推动文化和旅游融合发展基础理论研究，强化产业发展的数据支撑

要深入研究文化和旅游融合的路径、机制和模式，探索量化测算文化和旅游融合的程度、质量和短板，梳理文化传承与旅游开发、文化效能提升及文化效能指数构建、旅游外交中的文化搭载、大数据促进文化和旅游消费等的理论总结和实践经验，开展旅游市场走势研判、旅游企业运行分析、文化和旅游企业合作研究。并继续加强旅游统计与数据体系建设，探索居民文化参与意愿、居民文化服务感知调查、丰富文化需求侧统计，结合附属账户方法核算文化产业增加值及其综合贡献，开展都市文化休闲、周末文化休闲等专项统计，逐步建成以文化和旅游部数据中心为本部、以地方政府和企业为支撑、以国际合作机构为辅助的"一个中心、两个支撑、一个辅助"的数据中心地方和企业合作网络，挖掘面向细分领域的结构性数据，为互联网、大数据、人工智能同旅游经济深度融合提供智力支撑。

第二章

旅游需求特征与市场演化

一、2018年旅游市场运行分析

2018年以来，世界经济总体延续复苏态势，我国经济稳中向好，旅游消费继续领跑宏观经济。同期，入境旅游市场延续复苏态势，国内旅游市场持续高速增长，出境旅游市场增长迅速。特别是在"一带一路"国家倡议、系列旅游年活动开展、系列外交活动和会议召开的持续推动，以及签证便利化、国际航线增加等正面因素积极作用下，入境旅游市场实现了持续稳步增长。2018年接待入境外国游客人数和外国人在华花费同比分别增长4.7%和4.4%。

在党中央、国务院对旅游业发展的肯定和重视下，出境旅游、厕所革命、全域旅游示范区、国有景区门票价格写入政府工作报告。党的十九大提出乡村振兴战略，2018年中央一号文件对乡村振兴实施战略做了全面部署。持续优化的政策环境为旅游高质量发展提供充分保障。受到全域旅游目的地建设，消费观念升级等因素推动，2018年休闲市场呈现休闲空间不断扩大、休闲活动日趋丰富等特点。近年来我国城镇居民工作日、周末和节假日的户外休闲比重逐渐增加。

国内社会经济稳中向好，"一带一路"战略深化、签证便利、中文环境不断优化等因素综合推动下，出境旅游市场增长迅速。2018年出境游客人数同比增长14.7%。全年我国国内旅游人数55.39亿人次，收入5.13万亿元，分别比上年增长10.76%和12.3%；预计入境旅游人数1.4亿人次，实现国际旅游收入1270亿美元，分别比上年增长0.5%和3%；中国公民出境旅游人数达到1.48亿人次，比上年增长13.5%；全年实现旅游总收入5.99万亿元，同比增长10.9%（图2-1）

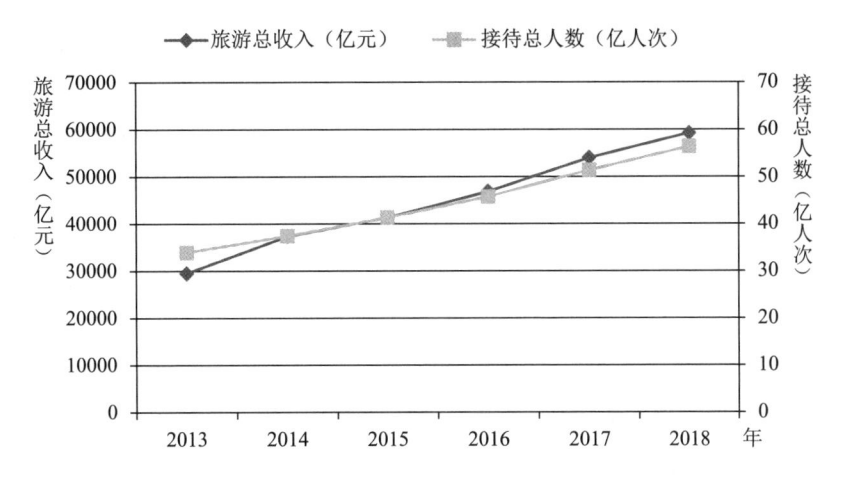

图 2-1 2013~2018 年旅游总收入及接待总人数情况

数据来源：历年《中国旅游统计年鉴》及其副本。

注：全年总接待人数为全年国内旅游人数与入境旅游人数之和。

二、2018 年旅游休闲需求特征变化

（一）入境旅游市场进入稳定增长新通道

入境旅游市场基本平稳，外国客源市场稳步增长。2018 年 1~9 月：我国共接待入境游客 10388.99 万人次，同比增长 0.25%，整体呈现基本平稳的发展态势；共接待外国入境游客 2237.20 万人次，同比增长 4.22%，整体呈现稳步增长的发展态势（图 2-2）。

根据可比口径，2018 年 1~9 月我国主要入境客源市场情况如下：缅甸、越南、韩国、日本、美国、俄罗斯、蒙古、菲律宾、马来西亚和新加坡作为中国入境旅游的前十大客源国，2018 年 1~9 月旅华游客数量同比增长分别为 28.78%、21.30%、7.99%、-0.23%、7.51%、0.91%、0.98%、4.46%、4.75% 和 3.50%。整体来看，缅甸、越南、菲律宾、马来西亚、新加坡等"一带一路"沿线国家旅华游客数量增长速度较快，分别同比增长 28.78%、21.30%、4.46%、

4.75%、3.50%。除日本旅华游客数量同比微降以外，我国的传统客源国市场基本呈现出稳步增长的发展态势（图2-2和图2-3）。

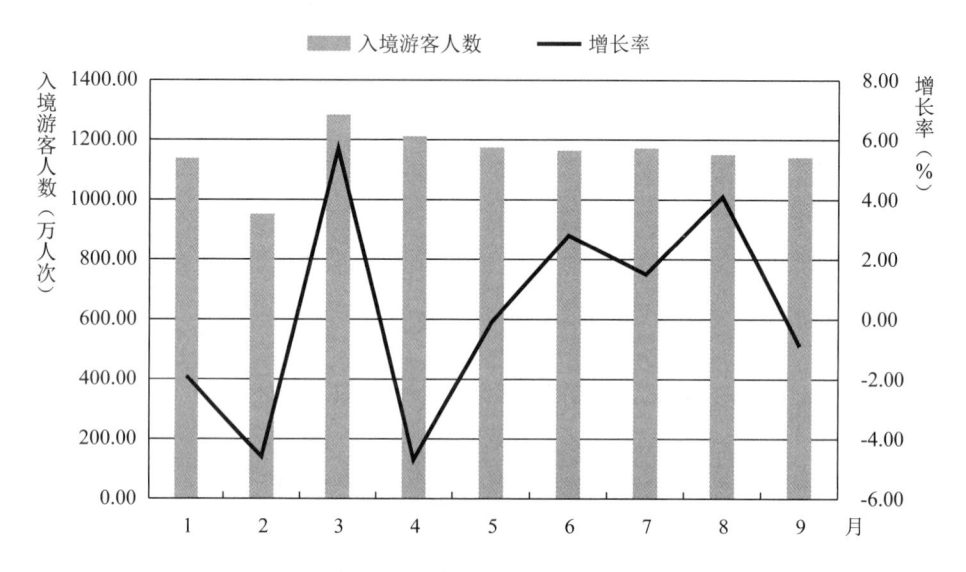

图2-2　2018年1~9月我国接待入境游客数量与增长情况

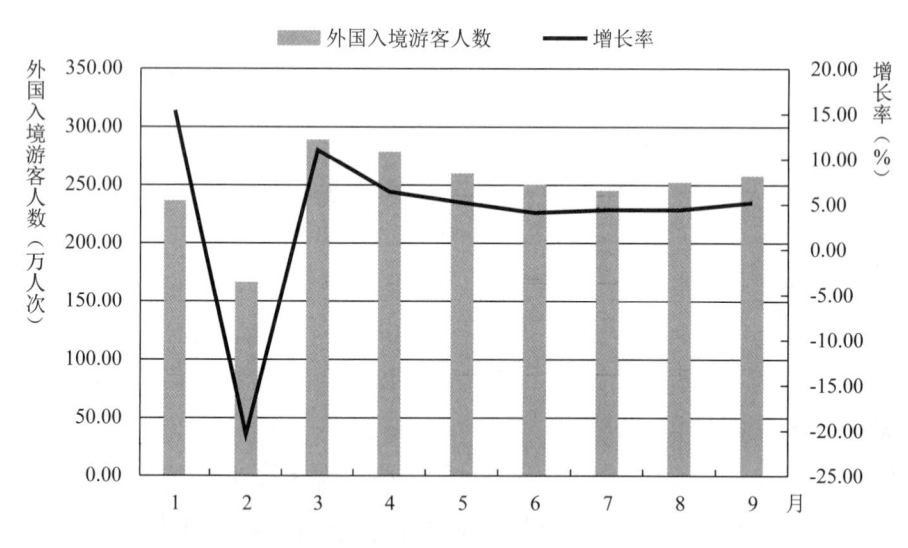

图2-3　2018年1~9月我国接待外国入境游客数量与增长情况

入境过夜游客数量稳步增长，入境旅游品质向好提升。2018年1~9月我国共接待入境过夜游客4614.49万人次，同比增长2.52%，整体呈现稳步增长的发展态势。同期我国接待入境过夜游客数量增长率比入境游客总量增长率高出

2.28个百分点,表明我国入境旅游的综合服务品质正持续向好提升(图2-4)。

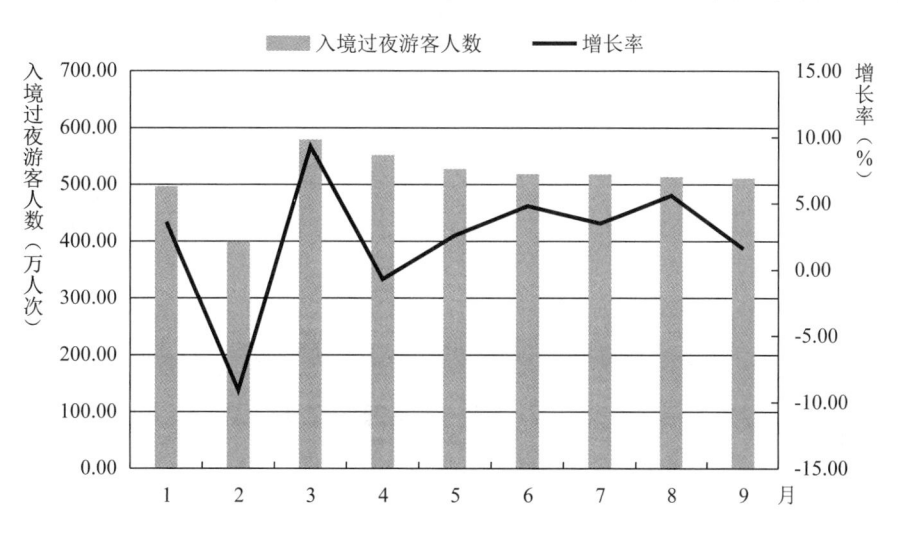

图2-4　2018年1~9月我国接待入境过夜游客数量与增长情况

旅游外汇收入稳中有增,入境旅游综合效益持续显现。2018年1~9月我国入境旅游实现外汇收入930.63亿美元,同比增长3.07%,呈现稳中有增的发展态势。同期我国入境旅游外汇收入增长率比入境游客总量增长率高出2.82个百分点,表明我国入境旅游的综合效益正持续显现(图2-5)。

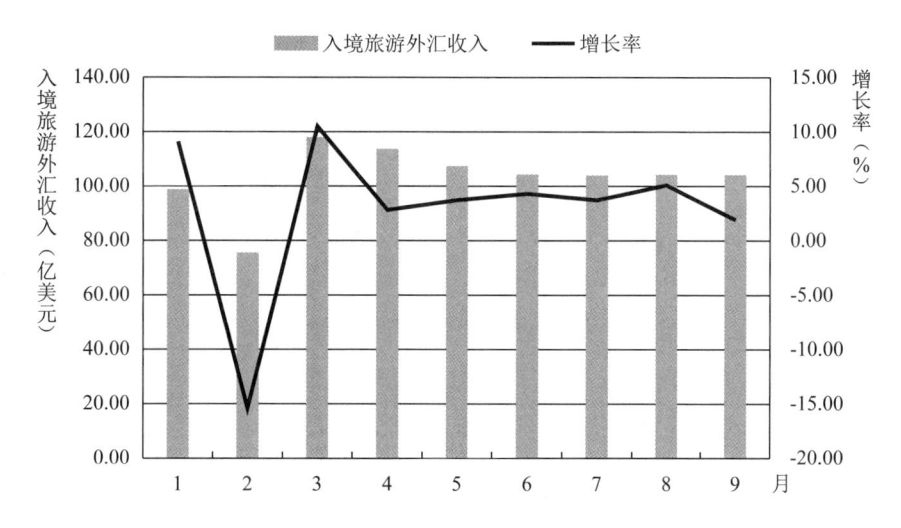

图2-5　2018年1~9月我国入境旅游外汇收入与增长情况

（二）国内旅游发展更均衡，旅游消费持续繁荣

区域旅游发展更趋均衡，中西部地区发展提速。东、中、西三大区域旅游接待量总体呈现4:3:3的格局，潜在出游力之比由7:2:1向6:3:1调整，区域旅游产业景气差距逐步缩小。东部地区依然是国内旅游目的地的核心区域，但中西部地区旅游收入和旅游人数的增长率均超过东部地区，项目和资本向中西部聚焦的态势正在形成。

农村居民国内旅游人均消费增速较快。根据2018年全年抽样调查资料，农村居民出游人数、出游人均花费均低于城镇居民，但人均消费增速高于城镇居民，这从侧面反映出农村居民对美好生活的诉求，表明农村居民国内旅游市场发展前景良好（图2-6）。

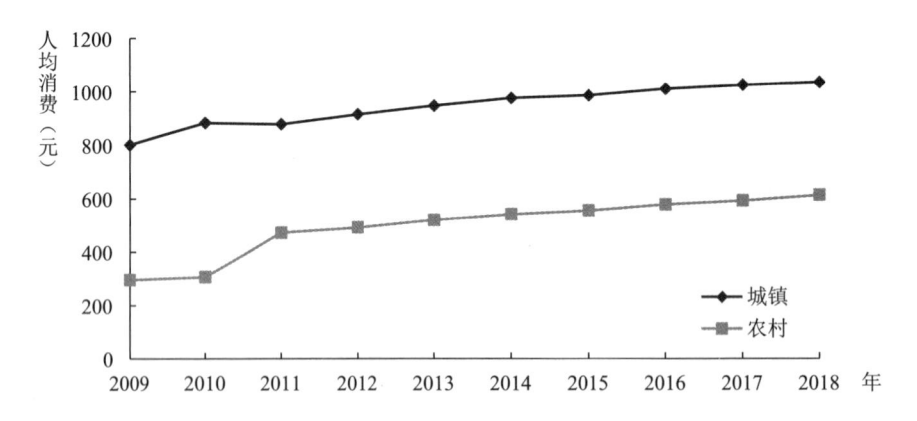

图2-6 城镇和农村居民国内旅游人均消费情况

数据来源：历年《旅游抽样调查统计》

国内跟团游产品服务持续优化。随着旅游市场的发展、游客需求的提升以及旅游市场的进一步规范，低品质的跟团游产品被逐步淘汰。当前跟团游内容和形式已变得丰富多样，正逐步消除自由度差、不能满足个性化需求等劣势。据旅游抽样调查资料表明，2016年以来我国国内旅游人数持续较快增长，旅行社组织的旅游人数略有回升态势（图2-7）。

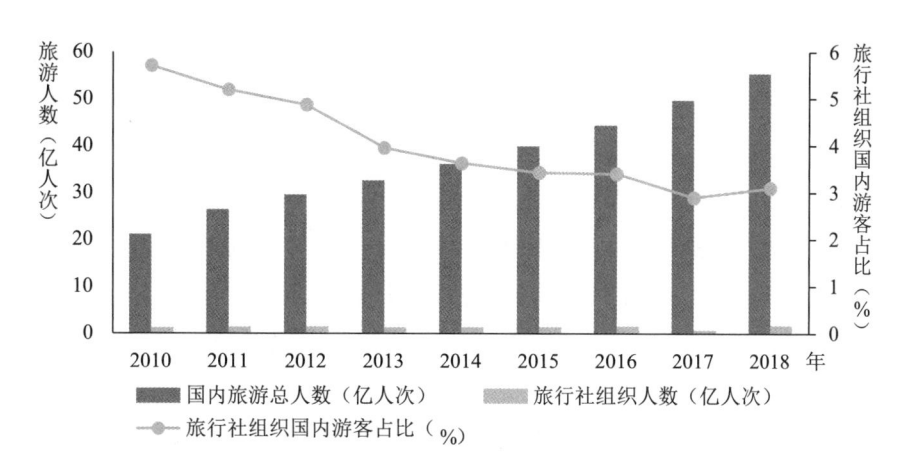

图 2-7　旅行社组织国内旅游人数及占比

数据来源：历年《旅游抽样调查资料》，2018 年旅行社组织人数为预测值

国内游市场潜力不断释放，旅游消费持续繁荣。中国旅游研究院（文化和旅游部数据中心）数据显示：春节、清明、五一、端午期间，国内旅游总人数分别同比增长为 12.1%、8.3%、9.3%、7.9%，实现国内旅游收入分别同比增长 12.6%、8.0%、10.2%、7.3%，旅游服务品质高、旅游产品供给优、市场环境优等特征明显。从节假日和季度旅游人数与消费增幅看，旅游业真正的消费升级还没有到来，靠消费市场升级来推动的旅游增长还有待进一步挖掘。

文化旅游假日走热。文化和旅游共荣共生，引领新时代国民旅游结构升级。节假日期间，丰富多彩的民俗节庆活动和假日旅游产品，特别是非遗和自然遗产旅游深度融合的体验活动持续走热，文化展演、博物馆以及主打文化 IP 的景区逐渐赢得游客喜爱。根据文化和旅游部数据中心 2018 年国庆假期文化和旅游市场情况报告，超过 90% 的游客参加了文化活动。清明假日期间，整体市场同比增长 35%，其中文化类景区门票消费同比增长 58%，文化展演吸引游客人数较 2017 年同期增长 12%。

（三）文化和旅游融合拓展休闲新空间

旅游与文化的深度融合将加速我国旅游业发展，国民旅游有望保持较高增长，旅游消费需求有望进一步释放。

旅游与文化、创意、科技的融合创新备受关注，品质提升与绩效改革趋势愈发显现。2018年上半年，首旅集团提出未来投资和资本运作领域将聚焦生活方式服务业；凯撒旅游子品牌"凯撒名宿"亮相，构建文旅融合新场景；携程推出"旅景"S2B新零售平台。旅游业呈现出转型升级、提质增效、稳中向好的良好势头，旅游综合效益不断提升，代表性企业的财报数据显示，2018年第一季度国旅股份公司净利同比增长六成，华侨城净利同比增长近五成，首旅如家净利润更是翻倍，同比增长116.56%，众信旅游同比增长31.04%。与此同时，文化和旅游主管部门、地方政府、旅游企业和目的地管理机构，更加关注旅游服务和产业发展质量，国家发展改革委等26部门联合签署旅游失信联合惩戒备忘录。

国内旅游消费需求进一步释放趋势明显。旅游接待规模保持稳固增长，由2011年的26.41亿人次增长到2017年的50.01亿人次，年均增长率约为12%。旅游收入规模保持稳固增长，收入规模从2011年的1.93万亿元增长到2017年的5.40万亿元，年均增长率约为15%。"十三五"以来，我国经济增幅存在收窄压力，寻找旅游发展等新动力成为社会共识。在中央出台的多项促旅政策和国家旅游主管部门实施的"治旅方略"以及部分景区门票下降等红利政策推动下，有效刺激游客消费热情，使得我国旅游消费保持高速增长。

（四）出境旅游市场和花费持续增长，市场结构变化明显

出境旅游市场增幅有所扩大。2017年我国出境旅游市场保持增长势头，全年出境旅游人数达到1.31亿人次，相比2016年同比增长6.9%。2018年1~9月我国出境旅游市场为1.11亿人次，同比增长14.2%。

出境旅游花费进入稳定增长新常态。根据口径调整后的数据，2015年我国出境旅游花费1045亿美元，为2016年为1098亿美元，2017年为1152.9亿美元。尽管我国出境旅游花费保持增长态势，但增速减缓。

中远程市场游客增长明显。2018年1~9月，出国游占到出境游总数的35.5%。与2017年出国游客占我国出境游客总数33.3%的数据相比较，出国游客占比不断提升。其中，赴俄罗斯、新西兰、德国、澳大利亚、加拿大等中远程国家的游客比例增长明显。

出境游客对于体验当地人生活方式的需求逐渐增长。美食、自然探索、户

外运动、避寒避暑、城市休闲、深度体验、疗休养等当地化的旅游体验内容最为中国游客所青睐。从旅游方式来看，自由行的旅游需求趋于增长，即便是团队游客，对目的地弹性时间安排的要求也正在加强。尽管购物仍然为花费最高的项目，但购物比重收缩，购物内容向日常用品变化等趋势，反映出消费行为的理性转变。

对旅游服务质量与目的地国家的满意度评价总体较高。

境外支付的发展优化了出境旅游服务。境外支付方式的升级为出境游客带来了更多便利。以中国银联为例，目前银联卡受理网络已延伸至168个国家和地区，覆盖境外超过2300万商户和164万台ATM。以此为基础，顺应中国游客支付习惯的改变，银联国际加快建设手机闪付、二维码支付等一系列移动支付产品的境外受理场景。银联国际正加快建设"云闪付"App境外使用环境，"云闪付"用户已可在境外25个国家和地区享受安全、便利的银联移动支付服务。与此同时，第三方支付平台的全球化力度也在明显加大。据不完全统计，国内有30家企业获得了跨境支付许可，区域主要集中在北京和上海。

出国游客满意度各季度都持续稳定在"基本满意"水平。2017年样本国家游客满意度从高到低依次是：新加坡、新西兰、美国、德国、加拿大、法国、意大利、澳大利亚、英国、日本、西班牙、泰国、马来西亚、韩国、巴西、俄罗斯、印度尼西亚、阿根廷、蒙古、越南、南非、柬埔寨、印度、菲律宾。

中国对全球旅游业的影响力与日俱增。世界旅游组织2018年1月发布的《世界旅游晴雨表》显示，2017年中国出境旅游再次强劲增长，继续引领全球出境旅游市场的发展。根据中国旅游研究院与携程旅行网发布的《2017出境旅游大数据报告》，中国已经成为泰国、日本、韩国、越南、柬埔寨、俄罗斯、马尔代夫、印度尼西亚、朝鲜、南非10个国家的第一大入境旅游客源地，中国游客在这些国家国际游客中的占比最高达30%。中国也是美国、阿联酋、英国、新西兰、菲律宾、斯里兰卡、加拿大等国家的重要客源国。2017年，中国还成为赴南极旅游的第二大客源国。

三、2018年节假日旅游需求特征

2018年春节和国庆长假期间,文化需求旺盛,旅游消费高涨,文旅融合产品备受追捧,全国共接待游客11.12亿人次,按可比口径同比增长10.4%;共实现旅游收入10740.8亿元,按可比口径同比增长10.4%。

(一)旅游过年成为春节新民俗

2018年春节长假期间,居民出游意愿持续走高,旅游过年成为春节新民俗,全国共接待游客3.86亿人次,同比增长12.1%;实现旅游收入4750亿元,同比增长12.6%。2004年以来,春节长假接待游客逐年上升,春节长假接待游客占全年比例稳步增长(除个别年份外)(图2-8)。

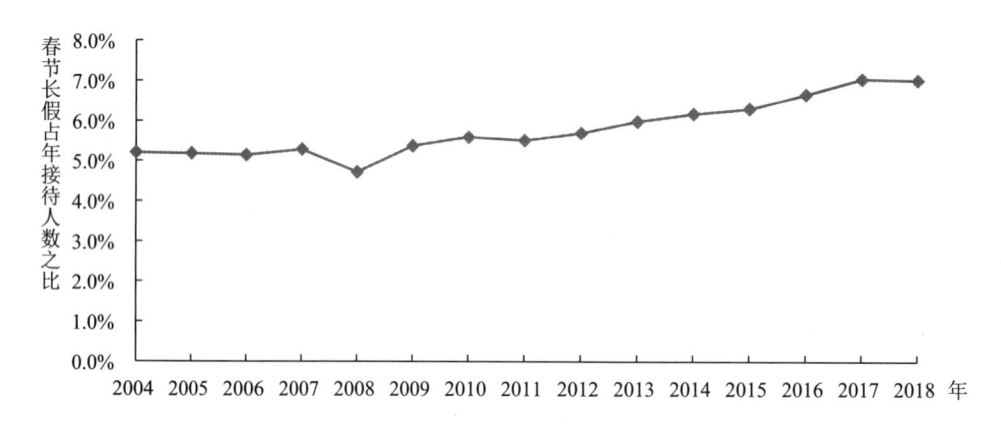

图2-8 2004~2018年春节长假游客接待量占全年接待量的比例

数据来源:根据原国家旅游局历年发布的春节旅游相关数据整理而得

历年来看,春节长假期间旅游收入整体呈逐年增长态势,2015年后,旅游消费升级,人均花费增长明显,旅游过年成为新民俗,也成为消费升级的主要领域(图2-9)。

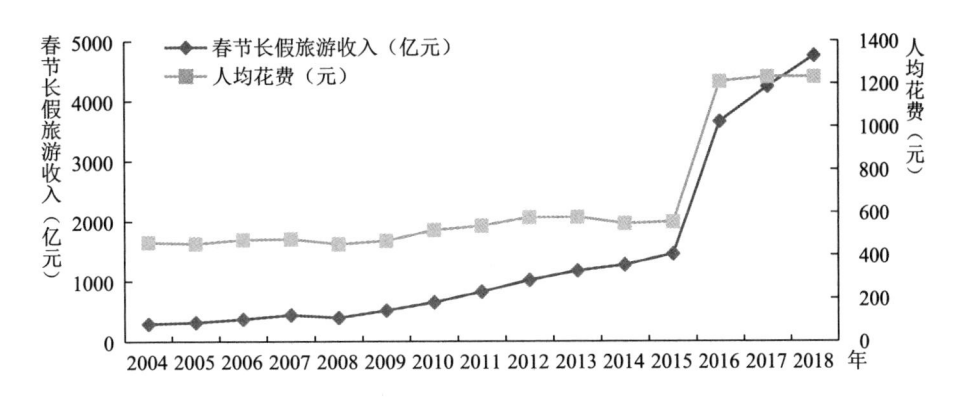

图 2-9　2004~2018 年春节长假游客人均消费与旅游收入

数据来源：根据原国家旅游局历年发布的春节旅游相关数据整理而得

（二）国庆长假呈"四广四高"特征

2018年国庆长假，文化需求和旅游市场呈现文化参与范围广、频度高；旅游消费类型广、意愿高；文化惠民覆盖面广、品质高；理性消费参与度广，文明旅游认同度高等"四广四高"特征，文化与旅游融合发展开启新时期文化建设、旅游惠民新篇章。长假期间，全国接待国内游客7.26亿人次，同比增长9.43%；实现国内旅游收入5990.8亿元，同比增长9.04%。从历年数据来看，国庆长假市场持续向好，旅游收入和旅游人数均稳步增长（图2-10）。

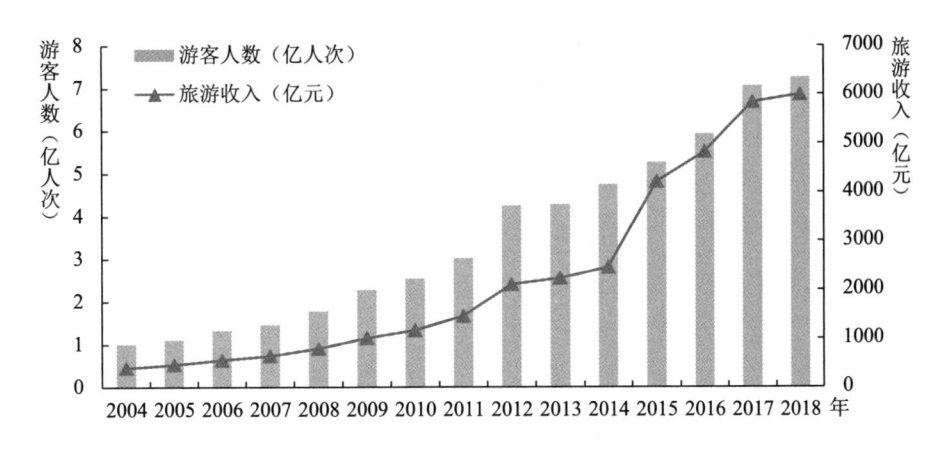

图 2-10　2004~2018 年国庆长假旅游接待指标

数据来源：根据原国家旅游局历年发布的国庆长假旅游相关数据整理而得

四、2019年旅游市场趋势预测

尽管2019年国际、国内经济利空因素增多，经济下行压力可能进一步增加，但世界经济缓慢复苏的态势不会改变，我国经济和居民收入保持中高速增长的势头不会改变。预计2019年旅游市场将会继续保持良好发展势头，并引领世界旅游向好发展。

（一）国内外经济环境利好多于利空，但不确定性有所增加

从外部环境看，尽管世界经济不平衡、不稳定性有所增加，世界经济总体还是延续复苏态势，国际贸易保持增长并有望延续，有利于中国宏观经济和出入境旅游的良好发展。从国内来看，我国经济总体平稳、稳中向好的发展态势不断巩固，随着国务院机构改革、旅游经济高质量发展和国务院办公厅《关于促进全域旅游发展的指导意见》（国办发〔2018〕15号）的逐步落实，统筹规划文化事业、文化产业和旅游业发展等方面的政策环境将更为有利，优质旅游对经济增长、促进就业和扶贫的主动作为和积极作用将更加显著。

（二）顶层国家战略和高频旅游交流助力新时期旅游发展

国家战略将持续推动"一带一路"沿线的人文与经贸交流，作为人文与经贸交流主体的旅游业将会受到更多关注。随着"一带一路"战略深化，签证便利、国际航线增加和系列旅游年宣传推广的影响，将进一步实现中国与周边国家的互联互通。粤港澳大湾区建设上升为国家战略，对粤港澳地区互联互通、区域内人员自由往来、更多的国际游客到访和旅游产业合作呈利好趋势。扩大旅游交流已逐步成为新时代国际合作的战略选项，中欧旅游年、土耳其旅游年、中加旅游年、上合组织旅游部长会议、上合组织青岛峰会、世界旅游联盟"城市旅游"对话会等旅游外交活动和会议的顺利召开，中老、中柬文化旅游交流顺利推进，2019年中新旅游年的到来，将为新时期旅游交流合作和全面战略伙伴发展持续注入新动力。

（三）文旅融合利好居民美好生活新需求

在文化和旅游融合发展新时代，游客的核心诉求正在从美丽风景转向美好生活，产业的基础动能正在从传统资源转向科技、文创和资本，各种文旅融合旅游产品改善了旅游市场供给不足。在资本、文创、技术、企业家精神等新要素推动下，文化和旅游融合发展领域的投资并购不断涌现。华侨城4.8亿元收购剑门旅游80%股权，稳步推进华侨城主营业务向文旅转变。在"文化+""旅游+"的融合发展过程中，上海创图、北京旅图等广泛应用大数据、云计算、人工智能等商业技术，把越来越多的城乡居民休闲资源转化成群众喜爱的旅游产品。

综合国内外发展环境和旅游业发展态势，对2019年旅游经济总体持乐观预期。国内旅游持续增长，出境旅游稳定增长，入境旅游平稳发展，产业运行更加景气，旅游就业稳步增加。预计2019年国内旅游人数将达60.9亿人次，国内旅游收入5.69万亿元，分别比2018年增长10%和11%；入境旅游人数1.41亿人次，国际旅游收入1283亿美元，分别比2018年增长0.5%和1%；中国公民出境旅游人数约1.6亿人次，比2018年增长11%；全年实现旅游总收入6.57万亿元，同比增长9.7%。

第三章
旅游产业发展态势与发展趋势

2018年全年，旅游产业较为景气，文旅融合有力推动产业投资。需要进一步关注市场与产业、宏观与微观、投资与效益的均衡发展。

一、2018年旅游产业运行较为景气

2018年全年，受企业家信心、产品价格、营业收入、营业成本等方面不利预期影响，各季度旅游产业景气指数分别为125.5、120.0、121.4和120.35，比上年同期下降，但仍然在"较为景气"区间运行。从分行业景气指数来看，旅游景区、旅游住宿和旅游新业态明显好于旅游集团和传统旅行社。从产业要素和发展动能来看，从业人员、固定资产投资仍然保持增长趋势（图3-1）。

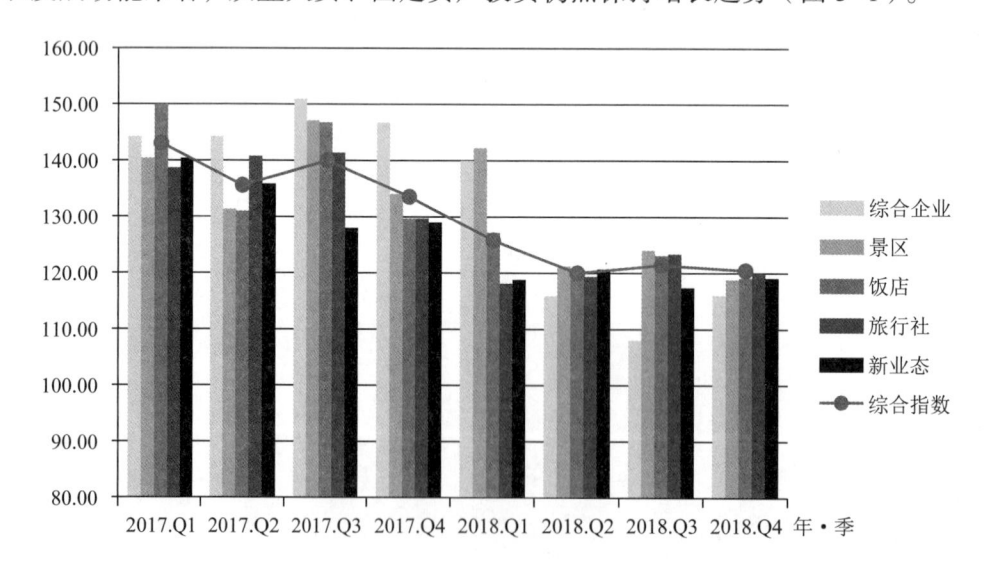

图3-1　2017Q1~2018Q4年全国旅游产业景气指数

二、2018年旅游产业运行态势

（一）旅游集团运行态势

1. 旅游集团并购重组频发，竞争格局优化

2018年，是旅游集团加速整合，市场竞争更加激烈的一年。纵观全年，旅游集团投资兼并步伐加快，巨头鼎立格局呈现。锦江国际集团2018年收购丽笙酒店集团后，酒店数量快速增长，跃升为全球第二大酒店集团。华侨城集团战略投资同程旅游，加强对线上流量控制，实现线上线下协同发展，不断增强集团竞争力。美团点评集团收购摩拜单车，途家收购大鱼自助游，腾邦国际集团战略投资喜游国旅、参投八爪鱼，阿里巴巴收购饿了么，美团点评、同程艺龙、复星旅文相继上市，并以上市融资为契机，不断扩大在线旅游服务领域的市场份额，旅行服务行业竞争更趋激烈。从在线旅游市场看，携程、美团点评、飞猪依托原有发展优势，正逐步发展成在线旅行市场的三大巨头。

2. 旅游集团加快品牌创新，竞争力持续提升

2018年，旅游集团加快品牌创新，不断拓展新发展领域，提升集团在旅游市场上的竞争力。文旅融合背景下，创意创新在旅游集团发展中的作用不断提升，并成为集团加快发展、提高行业竞争力的重要法宝。住宿业以创意创新为引领，一方面根据市场需求打造不同文化内涵的酒店品牌，如首旅酒店旗下的璞隐、诗柏·云、漫趣乐园等，锦江国际旗下的喆·啡、希岸等酒店，开元酒店集团计划打造的美途、森泊、阿缇克等，均是将艺术、生活社交与酒店功能相结合，通过持续创新不断满足新消费需求的积极探索。另一方面，通过创意创新，将多种生活功能与酒店整合，形成生活方式酒店，如亚朵、无印良品酒店等，以文化创新为推动力，促使旅游住宿企业紧跟或适度超前引领市场需求，不断推陈出新，从而保持企业在市场发展中的引领性和竞争力。对于旅行社集团而言，由于传统旅游线路易于复制的特性，文化创意更是尤为重要。以文化构建竞争壁垒，是当下旅行社企业保持竞争优势的手段之一。如上海春秋旅游将旗袍、太极文化融入产品创新，在特定市场形成了独特的竞争优势。旅行服务企业方面，景域国际旅游集团通过对中国文化的深度挖掘，推出特色IP名称，并在洞悉消费者心理的基础上,进行IP内容和故事的生产,赋予IP生命和活力。安吉帐篷客和安吉三宝,嘉善大云和云宝等均是景域依托当地特色,创新推出的旅游品牌,并以IP为核心,形成产品体系,从而构建企业的独有竞争优势。以文化创意为核心的持续创新,是旅游企业紧跟市场变化,保持持久竞争力的根本所在,也是旅游企业能够不断做大做强的基础。

3. 旅游集团推进文旅融合,发展动力增强

随着文化和旅游部的成立及各地文化和旅游厅、局、委的设立,旅游集团充分利用文旅融合发展的新机遇,深入推进文化和旅游在市场、资源、要素等多方面的融合,加速文化资源的旅游化开发和文化创意的商业转化,不断增强旅游集团的核心竞争力和可持续发展能力,全面提升以旅游集团为代表的市场主体在旅游强国建设中的支撑力。2018年,读者出版集团、中国出版传媒商报社等10家出版集团联合成了全国出版发行业文旅联盟,拟以"文化+教育+旅游"的产业合作模式,推动出版发行、文化教育、旅游产业的深度融合。其中,读者出版集团和辽宁出版集团均以研学旅行作为企业"触"旅开发的核心产品,利用出版集团丰富而深厚的文化、文学资源,对接学生、年轻人深度学习需求,开发教育、研学旅行产品,成为旅游行业新的供给者。此外,旅游企业通过对文化资源的创造性开发,不断推出创新型旅游业态和产品,持续增强企业的竞争力。中青旅对乌镇和古北水镇的开发,就是以文化元素为切入点,通过对接旅游市场需求,优化产品和服务供给,以优质项目助力企业做大做强的典型代表。

从商业竞争能力看,文旅融合将促进旅游企业重视构筑核心竞争力,加速旅游强企建设。文旅融合将促使旅游企业更加重视排他性产品和服务,提升国际市场影响力和竞争力,为旅游强国建设奠定基础。在文旅融合过程中,文化可以为旅游提供丰富的内涵,旅游可以为文化提供新的发展空间和营销渠道,通过文旅融合创新构筑起企业独特的核心竞争力,奠定企业做大做强的基础。华强方特在主题公园建设中,通过打造原创IP、挖掘历史IP等形式,构建企业发展的竞争力;企业自主打造的《熊出没》系列动画片,在儿童群体中广泛传播,依托这一经典IP和典型动漫人物,筹划建设了"方特动漫乐园""熊出没乐园"等主题乐园。同时,通过挖掘中国历史文化中的优质IP,华强方特结合地域文化资源推出"东盟神画""丝路神画"等主题园,意在围绕核心IP,打造集动漫创作、主题乐园、衍生产品等于一体的主题公园产业链，构建中国原创的文旅产业体系。

4. 旅游集团响应国家战略，主动践行社会责任

旅游集团在发展过程中，始终将企业发展与国家战略紧密结合，积极响应国家号召，将旅游投资投向与国家区域和产业发展的方向始终保持一致。积极响应西部开发战略，加大对西部地区旅游投资，以旅游项目开发、产品推广、线路串联等多种形式主动服务于西部地区的旅游发展，推动西部地区旅游业加速发展。以中国旅游集团、锦江国际集团、开元旅业集团、携程、海航等为代表的中国旅游企业，服务于国家发展战略，通过品牌、管理模式输出以及收购境外旅游品牌等多种形式，不断扩大企业在国际市场上的品牌影响力和国际竞争力，将中国品牌、中国服务推向了全球市场。

中国公民的海外安全也是党和国家领导人高度关注的问题，也是旅游企业高度关注的社会责任问题。携程于2017年首次上线全球24小时"旅行SOS"服务，通过旅行"微领队"，免费为游客提供旅行中的紧急救援，为游客提供安全、放心的旅行服务，也在全球树立起中国企业的服务形象。同时，旅游集团积极响应国家号召，创造性地形成了多种旅游扶贫模式，如万达集团在贵州丹寨县的旅游"包县扶贫"模式，中国旅游集团在贵州、云南省的"旅游产业扶贫"模式，携程集团的"线上营销扶贫"模式等，均取得了良好效果，为早日打赢脱贫攻坚战提供了有力的支撑。

（二）旅游景区运行态势

观光旅游和休闲度假旅游并重、景区传统业态和新业态齐升、景区企业深耕细分市场，通过时空转换延伸产业链、培育新需求，主题公园、特色小镇竞争日趋激烈，冰雪旅游、避暑旅游、研学旅游持续升温。

1. 主题公园：在满足国民大众旅游体验需求的同时，继续为产业发展提供新动能，为品质旅游提供新内容

一方面，伴随着消费升级，二三线城市居民对娱乐需求越来越高，主题公园也顺势而动，布局不断下沉。另一方面，主题公园的扩张模式由重转轻。目前，包括宋城、华强方特、海昌海洋公园、华侨城等多家公司都以轻资产模式进军新兴市场。这种方式可以降低企业的资金压力，但同时也对主题公园的IP和文化创意提出了更高的要求。此外，国际主题公园持续进入中国市场，本土力量继续成长。据中国旅游研究院测算，中国主题公园数量约为2100家，投资在5000万元以上的有300家左右。而根据标准排名联合马蜂窝推出的游客最喜爱的中国十大主题公园也只有迪士尼一个国际品牌。当前，亚洲游客量排名前20位的主题公园中有13个来自中国。一方面，是中国本土品牌扎根于本土文化，更契合中国游客的消费需求；另一方面，一些大的国际品牌正在建设中，如北京环球影城，上海乐高等。由于一些国际品牌并不走大体量的路线，如Hello Kitty，因此其影响力相对较小。国际上最受中国人喜爱的八大境外主题公园则全部是各国家与地区的环球影城和迪士尼乐园。欧睿国际的《世界旅游市场全国趋势报告》预计，2020年中国主题公园零售额将达到120亿元，年均游客量将超过3.3亿人次，超过日本和美国，成为全球最大的主题公园市场。

当然，本土主题公园能够跟国际巨头相抗衡的力量还不成气候。本土主题公园的发展过于强调以"规模"对抗"规模"，而且以初起步的IP对抗百年IP，还存在相当的差距。一方面是对民族的文化特别是与时俱进的新文化缺少创新，创新内容少，创新的手段也相对简单。另一方面，主题公园不仅是一种文化产品，更承载着民族文化意识形态，而文化事业、文化产业需要用正确的方式、吸引人的方式尤其是吸引年轻人的方式讲述，在这方面本土主题公园讲故事的能力弱一些。

2. 旅游演艺：区域集中度高，行业龙头在深耕国内的同时，尝试海外发展

2018年旅游演艺产业区域集中趋势不减，三大热点片区长三角、珠三角和西南地区成为产业集聚区。三亚、丽江等一线旅游目的地，由于门槛高、前期投资大、竞争激烈，旅游演艺公司收入增长趋缓，二三线旅游城市的优质景区资源成为投资目标。目前，旅游演艺三大系列仍占据市场份额半壁江山，从投资额、产品能级、市场知名度等维度进行综合对比，"印象"系列、"山水盛典"系列、"千古情"系列位居前三。三大演艺公司纷纷出海，进行国际化尝试，操作模式上以自建为主。如宋城演艺聚焦"景区+演艺"的组合模式欲打造澳大利亚版，三湘印象和山水盛典则分别在马来西亚和越南通过轻资产输入与当地进行合作，讲述中国故事。此外，旅游演艺投资呈现"高投入、高科技、大制作、名导制作"的趋势正在发生变化。

3. 大众观光和休闲度假并重的中国特色冰雪旅游发展模式初步形成

随着我国获得 2022 年冬奥会举办权，以冰雪旅游为核心的冬季旅游产品正在成为老百姓旅游的新选择，尤其深受下雪较少地区游客喜爱，老百姓除了去气温相对较高的地区旅游外，也将冰天雪地的旅游产品作为旅游出行的重要选项。

中国旅游研究院最新研究成果显示，2016~2017 年冰雪季我国冰雪旅游市场规模达到 1.7 亿人次，冰雪旅游收入约合 2700 亿元。我国已经成为冰雪旅游大国，正在向冰雪旅游强国迈进，冰雪旅游成为落实习总书记"冰天雪地也是金山银山""三亿人参与冰雪运动"指示精神的主要支柱产业。途牛旅游网预订数据显示，冰雪观光成为冰雪旅游的主要类型，冰雪观光人数占我国国内冰雪旅游总人数的 72.4%。通过旅行社组团、自助游等方式，以观光的形式体验冰天雪地的壮美景色成为到东北、西北等地区进行冰雪旅游大多数游客的主要目的，千里冰封、万里雪飘的北国风光以及浓郁的本地民俗风情都成为冰雪旅游的重要吸引物。滑雪休闲度假游客占我国国内冰雪旅游总人数的 27.6%，滑雪休闲度假是冰雪旅游的一种重要旅游形式，是冰雪旅游的一部分，而不是全部。在冰雪旅游者中，同时选择冰雪与温泉的游客占到总游客人数的 13.4%，冰雪和温泉这"一冷一热"资源成为重要的市场配对吸引物，成为很多游客必选的冰雪旅游套餐。

4. 避暑旅游成为学术和传播的热点，由概念成为政府、企业共识和行动，并上升为国家战略

发展避暑旅游是贯彻落实习近平总书记"两山理论"的成功探索，也是气象、文化和旅游融合发展的实践样本。与全域旅游、优质旅游、文化和旅游融合发展的国家战略相比，与国民大众对美好旅游生活的期待相比，当代避暑旅游还有很大的创新发展机遇和国际合作空间。通过广泛宣传和市场推广，将会有更多的国民利用假期、周末和休闲时间加入到避暑旅游的行列中来，"哪儿凉快奔哪儿去"，而不是一味待在家里吹空调，是一件利国利民利生态的好事情。值得关注的是，旅游是异地的生活方式，避暑旅游的消费带动性和产业关联性很强，决不只是旅行社、景区和宾馆饭店的事情。只要避暑旅游的市场需求达到足够规模,几乎所有的产业都可以关联进来、带动起来。各地政府和投资机构要有这个意识,发展避暑旅游决不仅是旅游发展新动力,也是消费升级和产业转型的新引擎,要有系统谋划和通盘考量。除了气象的本体资源,游客还会关注两方面:一方面是商业环境,游客来到当地之后,有没有酒店、餐饮、娱乐设施等让其留下来;另一方面游客会更关注能否和当地人生活方式融合起来、参与进去。根据中国旅游研究院调查,2017年避暑游呈现出大众化向全民化迈进的趋势,"家庭游"仍是夏季避暑出游的主要形式。"上山""下海""入草原"是避暑产品的主要载体。游客出游前对天气、交通最为关注,游客避暑出游的平均时长为4.9天。同时,数据显示有52.2%的游客认为"旅游线路与旅游项目缺乏吸引力",旅途线路、吃住行等支撑要素服务不够精致,显示避暑旅游产品供给端存在不足。

5. 特色小镇发展回归理性

近年来,在多项政策红利支持下,特色小镇建设成为各方关注的焦点。有些地方找准自身优势,通过特色小镇建设找到了经济发展新动能;有些地方盲目跟风上项目,试图简单照搬其他地方或国外的经验,存在一定风险。国家发改委及时会同原国土资源部、环保部、住建部联合发布了《关于规范推进特色小镇和特色小城镇建设的若干意见》,提出把特色小镇和小城镇建设作为供给侧结构性改革的重要平台,因地制宜、改革创新,发展产业特色鲜明、服务便捷高效、文化浓郁深厚、环境美丽宜人、体制机制灵活的特色小镇和小城镇,促进新型城镇化建设和经济转型升级。政府部门,包括中央的政府职能部门以及各个地方对于特色小镇都出台了很多政策给予支持。这一系列政策的出台都说明:发展特色小镇(小城镇)不是问题,问题是怎么发展,如何发展,就是由量到质的问题。

当前,我国经济社会发展正从高速增长向高质量发展转变,在特色小镇发展上,也要追求有质量的、健康的发展和规范的可持续发展。此外,最初国内关于特色小镇认同较多的是浙江特色小镇模式,实际上也正是因为很多地方把浙江特色小镇可以学的和不可以学的,一股脑儿地借鉴或者照搬,才导致了特色小镇发展出现了同质化等问题。创新的理念可以学习,如何调动社会资本积极性的做法可以借鉴。但是浙江的特色小镇有其立足的基础,如历史条件、文化条件、产业条件等,与其他地方条件均不同,未来的发展要求各地在推动特色小镇发展模式方面，要把自身的基础条件和理念等科学区分，因地制宜发展特色小镇。

6. 研学游持续升温，市场规模增势迅猛

我国游学人数自2014年后迅速增长，境内游学人数由最初的140万人次增长至2017年的340万人次，境外游学人数则由2014年的35人次万增长至85万人次。早在2016年12月，教育部等11个部门出台了推进中小学生研学旅行的意见，要求各地把研学游摆在更加重要的位置。原国家旅游局发布的《研学旅行服务规范》于2017年1月出台，从服务提供方、人员配置、研学产品、研学基地、安全管理等各个环节规范研学旅行服务流程，让研学旅行开始有规可依。除了政策的推动，随着我国居民家庭收入稳步增长以及家长教育理念的转变，"旅游+教育"双结合的游学产品受到用户的欢迎。需要承认的是，我国目前游学行业的渗透率仅为5.5%，与发达国家相比，还有很大的提升空间。预计2020年我国游学行业的市场规模将达到1200亿元，未来4年CAGR约40%。新时代，文化自觉、文化自信的极端重要性日益深入人心，"读万卷书，行万里路"被赋予更深刻的意义。南京夫子庙的研学游以其极具特色与内涵的活动，成为众多学生和家长的首选。或长或短的夫子庙行程，让学生们穿越时空感受、领略以前读书人的求学历程，培养自我陶冶追求真我的精神。

（三）旅行服务业运行态势

1. 旅行服务业稳步发展，服务能力持续提升

2018年，受国际关系波动、宏观经济下行、营业成本上升等因素影响，旅行服务业整体运行景气指数较去年有所下降，但仍然在"较为景气"区间运行，其中新业态与传统业态的差距正逐步缩小。在线服务商的渠道下沉与传统旅行社的网络化运营仍在加速，线上线下融合发展使得线上流量获取和线下转化的衔接效率越来越高，融合发展已见成效。目前，我国旅游业的在线渗透率不足20%，线上线下融合还有极大发展空间。一方面，大型在线旅行代理商仍在有针对性地进行线下门店布局，进一步提升品牌知名度，提高线下获客能力。根据2018年携程第二季度财报，其在低线城市的品牌渗透率同比提升约40%，到8月中旬，线下门店单日交易额创下7000万元新纪录。另一方面，传统旅行社正在加速网络化建设,依托自身的服务优势,实现流量的转化,以更加优质的服务留住客户。如中青旅遨游线上订单占比已超过50%,众信旅游的线上占比也超过20%。凯撒旅游、广之旅等传统旅行服务商也在通过门店提升,加强对客服务能力。

基于对供应商的整合和自身的流程再造,旅行服务商正在更大范围内为更多客户提供定制化服务。旅行服务商基于大数据技术,能够实现用户精准画像及产品的精准匹配,提高用户满意度与忠诚度。定制游业务需求旺盛,且表现出从高端服务走向大众的趋势,但在企业运营端还面临着诸多挑战。由于用户的需求繁杂而分散,旅行服务商对碎片化资源的整合能力有待提升,尤其对于非标品的信息化管理。同时,定制型业务还面临着人机比的服务与效率平衡问题,考验企业的IT能力。在走向大众的过程中,还需要解决大规模定制能力的提升和成本的降低,才能够提升整体运营的利润率。

2. 文旅融合为旅行服务业发展注入新动能

2018年国家机构改革,重新组建文化和旅游部,为旅游业发展带来全新机遇。文化是旅游的灵魂,旅游是文化的载体。文化要素拓展了当代旅游资源观,丰富了当代旅游资源和产品体系,为旅行服务的内容创造与模式创新带来新的发展动能。在资本、文创、技术、企业家精神等新要素推动下,文化和旅游融合发展领域的投资并购不断涌现,更多跨界主体进入,依托各自行业背景和资源,从景区、主题公园、旅游演艺、特色小镇等产品切入,在资本、创意和科技的驱动下,不断促进旅游产品的更迭换代。从投资主体来看,呈现出以民营资本为主、政府投资和国有企业为辅的多元化格局。2018年8月,总投资超100亿元的黄石旅游度假区落地四川巴中,以人文旅游为主线,打造集康、乐、文、旅、居于一体的目的地。华侨城西部则以4.8亿元收购剑门旅游80%股权,进一步扩大华侨城文旅业务版图。此外,目前诸多百强房企布局文旅产业,文旅成为房企转型的新趋势。我国大型房企凭借着在土地开发、建筑景观设计、资金以及产品理念与资源多元性方面的优势,成为文旅投资的劲旅。

3. 基于供应链的双向博弈正在加强

2018年,旅行服务商面临着激烈的供应链内部博弈。处于上游的旅行服务供应商加速变革,触角不断向下延伸,尝试与消费终端直接对接。在机票提直降代、航空公司叫停第三方服务，酒店集团自建分销平台等现象背后，本质上是上游供应商日渐明显的零售化趋势。航空公司在叫停第三方服务的同时，也正在通过创新附加服务获利，如：付费选座、行李收费、餐食预订、机上升舱等。头部航空公司尝试向平台型企业发展，以科技为核心，在优化运营的同时，精准提供产品和服务。面对上游触角向下延伸形成的压力，以及供应商内部联盟的加强，旅行服务商正不断尝试向上拓展，以增强对资源端的掌控力，稳定供给，提高利润。例如携程、春秋、途牛、同程等大型旅行服务商通过战略联盟、合资、入股等方式与航空公司达成合作，阿里集团与万豪国际集团全面打通会员体系，通过合资公司共同运营线上平台。部分旅行服务商还介入景区和酒店投资与运营管理。供应商与服务商的双向渗透是当前产业发展的典型现象。

（四）旅游住宿业发展态势

住宿业规模巨大，增长速度开始放缓，盈利能力以及服务品质尚有较大提升空间，区域、档次和产品结构上存在不平衡，这些问题客观上都倒逼住宿业发展方式必须改变，走上高质量发展之路。

1. 住宿业规模：高速增长后增速放缓

在以前的阶段是高速度增长的阶段，10年中住宿业年固定资产的投资增长超过了10倍，住宿业规模也属于绝对的高速增长，2016年新开工住宿项目是2003年近8倍，投资规模和新建项目复合增长率都远远高于GDP的增长。住宿业在高速增长进程中，住宿业规模不断地做大，从而跨越短缺的发展时期。相当长一段时期保持比较高的增长率，为我国住宿业迈向高质量发展阶段打下了良好基础，这是一个必须经历的阶段，没有高速度增长，我国住宿业就很难实现从低水平向高质量的突破。

从住宿业规模看，经过较长时期的高速增长后增速开始放缓。虽然2016年住宿机构数量仍呈上升态势，但自2014年以来投资金额增速已经开始放缓，2016年首次出现下跌。未来住宿业的规模还会有较大的上升空间，但是我们的一个判断是，这个高速度增长阶段已经发生了质的变化，业界对住宿业的关注重心正在从发展规模和速度转向品质和绩效，住宿业发展开始从高速度增长转向高质量发展阶段。

2. 住宿业绩效：处于微利水平

从住宿业的盈利能力来看，自 2014 年触底以来，虽然说逐步回升，但总体而言整个住宿业和旅游业绩效一样，都一直处于微利的状态，旅游业的利润率很难超过 5%，住宿业利润率很难超过 3%。即使 2016 年业界相对高定，星级酒店资产收益率也只有 2.8%。其中，虽然五星级酒店近年来一直处于盈利水平，例如 2017 年整体盈利 65.6 亿元，为近年来最好年份，但平均到 816 家五星级酒店，每家平均只有 800 万元的盈利水平，而其他 8000 多家星级酒店，盈利只有 7 个亿。当前资金成本超过 6%，甚至更多超过 10%，酒店资产收益不能覆盖资金成本，倒逼酒店业必须实施高质量发展。当然，从盈利角度看酒店资产的质量是比较低的，但酒店具有充沛的现金流，酒店资产长期看是升值的，再加之酒店投资往往有助于提升整个投资组合的价值，以及酒店对于改善城市形象等功能，因此酒店投资收益低并不能否定其投资价值。

从美国酒店投资回报率来看，近 20 年的酒店投资回报指数总体呈上升趋势，而且美国酒店投资回报超过广义上的商业地产投资回报。美国酒店的收益率可能预示着中国酒店的低回报率并非常态，未来有可能向更高投资回报水平回归。

3. 酒店集团规模增长与品牌影响力提升不同步

从酒店集团的规模来看，已有 3 家中国酒店集团进入世界前十，但具有影响力的品牌还很有限。根据酒店业杂志《HOTELS》以客房规模、酒店数为标准所公布的全球酒店集团排名，在 2012 年度锦江国际以 214796 间客房和 1401 家开业门店位列第九，如家酒店以 214070 间客房和 1772 家开业门店位列第十位。2017 年度"全球酒店集团 325 强"排名中，中国酒店方面，锦江国际、首旅如家和华住继续保持行业前十名。其中，锦江国际以 680111 间客房、6794 家开业门店蝉联榜单第五名，首旅如家以 384743 间客房、3712 家开业门店蝉联榜单第八名；华住以 379675 间客房、3746 家开业门店蝉联第九名。根据规模排名，2012 年中国有 2 家酒店集团进入世界前十名，到 2017 年 3 家进入世界前十，位置进一步上升，但从品牌影响力来看，本土酒店集团的品牌影响力并没有同步提升。分层级看，高端品牌溢价能力还较弱，中端品牌和经济型品牌，在国内占有率高，但还不具备世界影响力。也即规模反映不了质量。

4. 住宿业品质：尚有较大提升空间

随着住宿业规模的增长，住宿业发展质量和发展水平也得到一定程度提升。因此，住宿业品质相对以前有很大提高，但是总体而言尚存在不少问题，还有较大的提升空间。每年住宿业总会时不时曝出一些质量方面的问题，例如客房空气质量、酒店床单换洗问题、毛巾酸碱值超标、食物中毒、火灾、环保、数据泄露以及侵犯顾客隐私等问题，显示我们在服务质量和管理水平方面还有很大的改善空间。因此未来相当长的一段时间内，住宿业发展将聚焦于高质量发展。

5. 住宿业迈向高质量发展阶段

当前我国主要社会矛盾已经转变为人民日益增长的美好生活需要与不平衡不充分发展之间的矛盾。"不平衡不充分的发展"本身就是发展质量不高的突出表现。那么酒店住宿业作为人民群众对美好生活追求的重要组成部分，当前消费者的住宿体验和服务品质需求日益分化多元，住宿供给的业态和产品也日渐丰富多样，但仍然存在供给的区域与档次结构的不平衡，供给的类型和内容的不充分。

住宿业发展不平衡，主要包括城乡不平衡、地区不平衡、人群不平衡、业态和档次不平衡等方面。过去矛盾的主要方面是供给数量与旅游者需求的不匹配，现在转向为产品质量与人们需求的不匹配。影响行业持续健康发展的因素既有供给问题也有需求问题，既有结构问题也有总量问题，但供给侧和结构性问题是矛盾的主要方面。供给结构失衡，不能适应需求结构的变化；供给质量不高，不能满足人民美好生活和经济转型升级的需求。发展不平衡的本质，还是旅游者需求与供给不匹配，满足不了各类人群的需求。住宿业发展不充分，既体现在发展质量和效益还不高，也体现在需要向中国服务、中国创造、中国智造升级等方面。追求住宿业发展上的平衡和充分，是住宿业发展到一定阶段后才会出现的现象。

因此，要针对住宿业发展不平衡不充分的问题，以住宿业供给侧结构性改革为主线，推动住宿业发展从数量扩张为主转向质量提升为主，从解决"有没有"转向解决"好不好"。这也要求我们用心研究消费者的需求，用大数据给消费者画像，真正做到以人为本，根据消费者的需求来匹配住宿供给。高增长阶段，基本实现了量的满足，下一步的着力点必然转化为质的提升，因此必须实现高质量发展。如果说，填补"数量缺口"是过去一个时期经济发展的动力源泉，那么填补"质量缺口"就是高质量发展阶段经济发展的潜力所在。高质量发展阶段的主要任务就是要转向"质量追赶"，以提高供给体系质量为主攻方向，提升产业价值链和产品附加值，提高劳动生产率、投资回报率和全要素生产率，显著增强经济质量优势。高质量发展，即人们需要更高质量的产品和更优质的商业服务，需要更高效、更温馨的公共服务。住宿行业经历了狂飙突进式的粗放发展后，开始进入到存量博弈和差异化竞争阶段，行业内各细分领域都存在着迫切的变革压力。

三、2019年旅游产业发展趋势

（一）旅游景区发展趋势

1. 逐渐摆脱单一门票收入：高层重视，景区呼应

2018年政府工作报告指出，我国将推进降低重点国有景区门票价格等工作。政府工作报告中提及降低国有景区门票价格不仅可以推动以文化遗产、自然遗产等为主的国有景区回归公益属性，惠及更多普通收入和低收入人群，还可以倒逼景区摆脱对门票经济过度依赖，对商业性景点的票价也将起到一定的抑制作用。一直以来，过度依赖门票经济是国内众多旅游景区亟待解决的难题。随之而来的门票涨幅过快，景区管理方不愿意深入挖掘景区内涵、拉长产业链等一系列问题，都制约着景区的可持续发展，也难以适应当下旅游消费升级的大趋势。因此，越来越多的景区开始尝试转变，甚至免费开放日也成为众多旅游景区试探市场反响的方式之一，通过免费方式让景区从门票经济向产业经济迈进，也是这些景区较为一致的回应。很多景区都努力延伸业务深度和广度，利用IP开发衍生品和非门票业务收入来提高景区的经营效益。门票支出在旅游消费支出中的比例正在下降。

2. 在线门票增长趋缓：景区成为OTA重要引流端口

2017年，中国景区门票预订总交易额达到1316亿元，其中，线上渠道门票预订交易额约为188.6亿元，同比上升47.3%。2017年，旅游电子门票的渗透率约为14.33%，同比增幅约为33.9%。增幅上涨的原因受2017年以上海迪士尼乐园、万达、方特等为首的新开园景区的影响，在一定程度上带动了线上门票的市场份额增长。线上渠道门票交易额连年持续增长。当前，主要OTA纷纷升级用户体验，景区电子门票投诉率同比下降明显。未来科技、景区"园中园"模式将提升并丰富景区游玩体验，同时线上渠道成为景区门票业务的主战场，景区也将成为OTA重要的引流端口，而IP将成为行业发展新引擎。虽然2018年在线渗透率的增长势头相对放缓，部分原因在于景区及目的地逐渐摆脱门票经济依赖，开始向产业经济转型，开放趋势明显。可以预见，景区电子门票行业发展空间依然十分巨大，随着移动互联网发展及旅游景区投资市场的持续火爆，作为旅游产业中的标品，景区电子门票市场存在极大的商业机会。

3. "旅游+科技"成为角力场：虚拟现实极大丰富游客体验

年青一代消费者正在成为旅游消费的主力军。对于他们来说，最基本的产品功能和低价不再成为购买的核心理由，而体验逐渐成为品牌，互动愈发成为黏性。人工智能和数字科技的进步，使得年轻游客更能充分掌握旅游资讯。越来越多游客在安排出游前，会通过科技了解目的地及住宿环境，未来超过80%的游客则希望能通过VR（虚拟实境技术）体验后，再做决定。虚拟现实广受关注，大批旅游公司都在努力挖掘该技术的潜能，并将其应用到实际中。宋城、上海迪士尼、华侨城等都已宣布要与VR/AR（增强现实技术）"联姻"。这种"沉浸式"互动体验新技术，在景区业中的应用前景相当广泛。加拿大魁北克"幻光森林"旅游项目是成功的典范。据统计，该项目一经推出，游客即从原来的6000人猛涨到7.2万人，该森林也成为热门的夏季旅游目的地。在国内，该技术在上海迪士尼和华侨城欢乐谷的应用也为景区增加了人气。未来几年，VR、AR技术将会成为旅游景区、购物中心、博物馆、主题公园的基本配置。全景摄像头、VR/AR、无人机、无人视觉艇等的结合，不断颠覆传统景区的观赏体验感。VR、AR技术和体验，正在渐入人们的生活和娱乐方式。

（二）旅行服务业发展趋势

1. 旅行服务创新与内容创造引领未来发展

大众旅游时代的需求正在从"有没有"的走马观花转向"好不好"的深度体验，游客在旅行中的满意度和满足感将更多来自于优质的、差异化的内容和体验，尤其在产品同质化竞争严重的今天。无差异的产品意味着竞争的门槛几乎为零，最终只能陷入价格要素的单一竞争，不利于全行业的整体发展。随着OTA等旅行服务商基本满足了游客对机票、酒店等旅行标准品的购买需求后，以内容创造为核心的旅游非标品的竞争将成为服务质量外的另一个竞争要素。例如穷游网推出的漫步城市（city walk）活动，以"像本地人一样旅行"为理念，让参与者在游览过程中深度了解城市。同时，市场上可以观察到一些强调文化性和知识性的小众旅行平台开始出现，如稻稻网，充分说明大众对优质内容与深度体验的强烈需求。

2. 外部精准营销和内部精细化运营能力都亟待提高

目前，绝大部分旅行服务商内部运营与外部营销还处于比较粗放的状态，严重制约了企业的盈利能力。从企业运营内部效率来看，除一些大型OTA外，大多数中小型旅行服务商还只是用QQ、微信、传真、邮件等传统方式进行供应链及内部运营管理，后端的供应链和前端的渠道管理信息化程度较低，更无法根据市场细分，实现后台的精细管理。从企业外部获客的效率来看，在行业平均利润率不甚理想、市场竞争日益激烈、流量费用持续攀升的情况下，企业获客成本持续走高。维护用户活跃成本也不断攀升，早期一个App只要能满足用户一定需求就能保持活跃度，如今更多平台需要使用更多方法才能留住用户。

3. 旅行服务质量有待进一步提升

旅行服务质量是旅游业发展的基础，也是游客最直观的感受。近年来，在主管部门和业界共同努力下，旅行服务质量已有较大程度的提高。根据中国旅游研究院40个季度的旅游服务质量调查，2018年全国游客满意度较去年同期都有所提升，其中OTA的满意度与传统旅行社的满意度差距正在缩小。虽然行业整体服务质量呈上升趋势，但仍存在诸多不尽如人意之处，不时曝出酒店的"杯子门"、雪乡宰客、低价一日游、零负团费等问题。在线旅行代理商在满足庞大市场需求的同时，也面临投诉量高的问题，主要涵盖：虚假信息、退款纠纷、在线预订承诺不兑现、电子合同签订不规范、售后纠纷处理不及时等问题。目前，在旅行服务业当中发挥直接监管作用的《中华人民共和国旅游法》《旅行社条例》《导游管理办法》，对于OTA等自由行时代下的新型旅行服务商的规制条款极其有限。

（三）旅游住宿业发展趋势

1. 发展动力：从要素驱动转向创新驱动

一方面，在住宿业从高速度增长转向高质量发展的过程中，发展动力从要素驱动转向创新驱动。这里的发展质量包括效率、效益、品质等多个方面，我们需要发挥土地、资本、人力、科技、创意等要素的价值，不断提升住宿业全要素生产率，实现高质量发展。未来，土地和资本这两个传统要素仍然重要，但其关注点已经发生改变。酒店住宿设施本来是附着在土地上的功能空间，优质的土地资源是越来越少，未来更多的是对已有的存量空间的优化利用。在高速增长阶段，大量资本投入使得酒店规模快速增长，但投资效益低。基于目前酒店业2%~3%的收益率，远远不能覆盖资金成本，这种发展模式是不可持续的，所以未来重点不是建新的酒店和住宿机构，而是要对存量酒店和住宿业实行资产管理，从而产生更好的回报。

另一方面，人力资源、技术和文化创意是推动住宿业高质量发展的创新要素。在人力资源要素方面，强调要注重企业家的作用，特别是民营企业家未来可能会营造更好的发展环境；要创设新的职业，如酒店资产管理、品牌资产管理等新岗位，从运营管理和资产管理两方面，使酒店价值最大化。在技术要素方面，人工智能、虚拟现实/增强现实、物联网、大数据、模块化建筑技术以及大健康技术等在住宿业的应用可以催生新的商业模式，促进产业效率提升，提高体验效果。其中特别强调睡眠技术在住宿业的应用价值以及区块链技术可能构建新的旅游经济体系。在文化创意要素方面，"未来的经济也将是讲故事的经济"，文化创意和IP对于精品酒店、主题酒店、精品民宿等住宿业态的重要性无论如何强调都不过分。

2. 发展方向：消费升级引领产业升级

行业需要研究消费的变化和升级方向，用消费升级引领住宿业的升级。虽然我国旅游消费存在二元结构，低端与高端消费始终并存，但总体而言旅游消费是不断升级的。旅游住宿消费也是类似，总体呈现升级趋势，但从结构来看会出现一个分化。中端酒店、精品酒店、主题酒店、设计师酒店、精品民宿等占比明显上升。依据消费棘轮效应，人的消费一旦习惯之后是不可逆的，至少短期内很难可逆，习惯效应非常大，目前所谓的消费降级在住宿行业不太成立。例如，近年来民宿非常受欢迎，这是游客消费多元化和个性化的一种体现。即使是经济型酒店，对于农村和经济收入较低的人员来说，从以前住小招待所甚至地下室到能住上经济型酒店，也是一种消费升级。消费升级有很多种表现，消费升级的驱动因素中有两个很关键：一个是消费观念的更新；一个是消费主体的变迁。在消费观念上，最重要的表现是消费者更加追求品质和个性化。在消费主体上，中产阶级是需要关注的一个群体，千禧一代因其消费能力强，已成为消费的主力。千禧一代"没有饥饿感"，其消费需求更加凸显个人偏好，更加信任本土、原创、小众的品牌。因此，年轻人关注的不是更贵的住宿产品，而是有"分别心"的住宿产品。

在产业升级方面，优势敌不过趋势，住宿企业必须倾力研究消费趋势的变化，开发契合消费者需求的产品。在业态创新上，从传统走向丰富多元；在产品开发上，需要精细化与工匠精神，不断重构与迭代；在发展模式上，从市场思维转向资本思维；在住宿结构升级上，从低端向中高端升级；在住宿品牌培育上，需夯实中低端，重视中高端；还要推进住宿产业链升级与价值链重构，不断助力住宿企业成长，培育住宿领域的独角兽和隐形冠军。

3. 颠覆创新：突破边界与关注边缘

住宿业的高质量发展、产业的升级更多靠的是从 1 到 N 这种模式的创新，但颠覆式创新也很重要，可以关注两个方向：一个是突破边界，一个是关注边缘。聚焦核心，深耕核心，专业化发展仍是住宿业发展的根本之道，但很多创新不是来自于内部，而是来自于外部，来自拓展边界，融合发展。跨界创新的案例很多，例如宜家家居和无印良品都介入到了酒店领域，未来无人驾驶汽车可能会改写我们对住宿形态的认知。而来自边缘领域的创新在住宿业也经常观察到，爱彼迎和途家网的发展就是经典案例。爱彼迎短期内成长为世界最大的住宿集团，用长尾理论解释，就是民宿、公寓等所组成的住宿长尾，虽然相对酒店业态来说相对边缘，但长尾力量非常大，一旦通过网络技术进行整合，立刻产生颠覆性效应。

四、政策建议

1. 通过生活场景对接与科技引入更新商业空间和培育比较优势

一是生活功能拓展将成为旅游企业发展新方向。无论是在线旅游企业还是线下旅游企业，结合已有流量做生活性业务的拓展，围绕游客在目的地城市的生活服务以及本地居民的本地生活服务提供，正成为旅游企业业务拓展的新领域。线下的餐饮、居家用品、自助贩卖机、阅读、周边服务等生活服务，以及利用线上流量拓展出境方面的移民生活服务，本地生活的餐饮、娱乐、购物等服务内容，或将成为旅游企业业务拓展的新方向。二是创新依然是旅游企业持续发展的重要动能。科技一直是推动产业进步的重要力量。科技对旅游产业的发展促进，既可以滋生出创新业态，又可以丰富旅游产品的类别和内容，同时，在便利游客的出行、实现信息透明、满足游客期待方面均发挥了积极作用。未来要系统把握旅游发展环境的变化，善于利用新科技，积极推动旅游集团的创新发展。针对80/90后年轻群体以及中产阶级等新消费群体的消费需求，用技术提升管理绩效和运营效果，将技术创新与需求解决相结合，为旅游者提供更加方便、更高品质、更多体验的新产品和新服务。

2. 经由文旅融合丰富内容创新，收紧行业监管建立长效诚信机制

一方面，应以更多的优质内容、更创新的商业模式满足并引领国民对美好生活的需求。尤其在文旅融合新时代下，旅游企业可以通过跨界融合激发双创活力，开发更多优质内容，培育更多原创IP，广泛而深入地融入目的地建设与形象打造，实现旅行服务中文化内涵的深层次引领与创新。另一方面，行政主管部门应加快丰富相关文旅法规的修订工作，完善对于新业态企业的日常运营、服务规范与流程的监管条款与惩罚机制。积极配合正式实施的《电子商务法》，出台在线旅游平台管理的办法与措施，切实完善行业监管的顶层设计。要建立长效诚信机制，用好全国旅游监管服务平台，改善旅游市场环境。主管部门要通过日常监管、服务指导、行业培训，全面引导旅游企业提高服务水平。面对低价一日游、零负团费等问题仍然要保持高压态势，加强联合执法，使旅游市场更加规范有序。

3. 优化营商环境，减轻旅游企业税负负担

要努力为国有企业和民营企业、内资企业和外资企业创造公平竞争、八仙过海、各显身手的广阔舞台和优越营商环境。旅游业能满足人们不断对美好生活的向往，要实现产品质量的提高和服务水平的提升，就需要有良好的营商环境、健全的现代企业制度和竞争有序的市场。这一切都是市场在配置资源中起决定性作用。政府要致力于减轻企业税费负担、解决民营旅游企业融资难融资贵问题、营造公平竞争环境、完善政策执行方式、构建亲清新型政商关系、保护企业家人身和财产安全。特别是要大力降低旅游企业的经济成本，降低制度性交易成本，继续清理涉企收费，加大对乱收费的查处和整治力度。用好用足"大众创业、万众创新"的政策红利。充分发挥旅游企业市场主体作用，激励企业家精神。保护劳动者利益，实现劳动力素质的有效提升。

4. 深化供给侧改革，推动产业体系平衡发展

要通过供给侧结构性改革，提升我国旅游业在全球价值链中的分工位势，争取更有利的分工地位。我国旅游企业经历了从模仿者到创新者，再到目前探索中国式创新的过程。要全面开启自主品牌发展的新时代，旅游企业需要文化自信、品牌自信，也需要业主对本土品牌自信，更需要消费者和媒体的相信和信任，构建有利于本土品牌成长壮大的沃土。要通过技术进步和技术创新，加强旅游业研发设计、标准建立及营销网络布局等，不断提升产业链上产品和服务的附加值，推动我国住宿业向价值链高端攀升。以及要构建合理的旅游产业体系，不断升级旅游产业链。实现旅游业高质量发展目标，需要有完善的旅游产业体系才能保证支撑。旅游业的高质量发展，也必然要求坚持质量第一、效益优先的理念，推动旅游发展质量变革、效率变革、动力变革，提高全要素生产率，着力构建市场机制有效、微观主体有活力、宏观调控有度的经济体制。

第四章

旅游公共服务和旅游治理

一、2018年我国旅游公共服务与治理进展

（一）厕所革命高质量推进

2018年是实施《全国旅游厕所建设管理新三年行动计划（2018~2020）》的开局之年。在过去建设期取得巨大成绩的基础上，厕所革命持续向"数量充足、分布合理，管理有效、服务到位，环保卫生、如厕文明"的目标推进，通过集中开展厕所革命建设提升行动、厕所革命科技提升行动、厕所革命管理服务提升行动、厕所革命文明提升行动。全国各地在城乡公厕和旅游景区厕所建设和运营管理方面持续实现新的突破，在市场化推进下不断取得新的发展，涌现了一批新理念和新做法。四川旅游厕所则强化景观设计、承载地方特色，把厕所建成漂亮的景点、温馨的家园、创意的作品。例如，成都市在厕所打造中融入三国、金沙、熊猫等文化，乐山市在厕所建设中突出佛教、码头、古嘉州等文化。内蒙古从城市到农村、从草原到沙漠、从农业园区到工业园区将"厕所革命"不断推向更广空间，实施厕所革命全覆盖工程。云南实施智慧厕所建设，石林等试点景区，实施旅游厕所人体流量监测系统项目，进行厕所智能化管理。以及南京牛首山等的"最美厕所"、呼和浩特被称为"青城驿站"的"综合体厕所""杭州找厕所"小程序一键查询身边厕所等。

（二）公共服务建设成为国际旅游合作的重要组成

据预测，"十三五"时期，中国将为"一带一路"沿线国家输送1.5亿人次中国游客、2000亿美元中国游客旅游消费；同时将会吸引沿线国家8500万人

次游客来华旅游，拉动旅游消费约1100亿美元。随着2018年"中国—欧盟旅游年"的开展、亚太经合组织（APEC）旅游部长会议召开、"一带一路"文化旅游论坛举办、第三届丝绸之路国际文化博览会文化和旅游专题论坛举办等，在保障旅游的便利化，加强机场、码头、铁路、公路、口岸、电信等基础设施的互联互通，扩大银联（Union Pay）、微信（WeChat）和支付宝（Alipay）新型支付范围，促进旅游公共服务合作建设上达成了重要共识。国务院批准实施《内蒙古满洲里边境旅游试验区建设实施方案》《广西防城港边境旅游试验区建设实施方案》，边境旅游试验区在强化与俄蒙、越南的出入境管理合作，推动出入境人员车辆往来查验结果互认，提高口岸通关效率，深化通关改革，创新监管模式，建设沿边示范口岸，推进国际旅游集散中心、旅游咨询服务中心、多语言旅游标识系统建设等方面进行了积极探索。

（三）旅游市场监管更有实效

2018年7月1日全国旅游监管服务平台在全国全面启用，意味着集大数据监管与开放式服务为一体，投诉审批顺畅高效、事中事后监管智能化、信息互联互通的政务平台的正式投入使用，标志着我国旅游市场监管加快向信息化、智能化转变。此举有利于实现市场监管常态分析和科学研判，实时掌握旅游经济运行状况，加快旅游市场监管实现社会化、扁平化、实时化、常态化、智能化，为新时代旅游业高质量发展提供有力支撑。此外，文化和旅游部相继开展"春季行动""暑期整顿"等旅游市场秩序专项整治活动，针对问题频发的地区、季节、企业、线路、产品进行专项整顿，大力开展旅游市场秩序整顿工作，重点规范出境游、边境游、一日游市场秩序，严厉打击不合理低价游和非法经营旅行社业务等突出违法行为。推动旅游服务质量提升，努力净化旅游消费环境，不断增强人民群众的旅游获得感和幸福感，进一步彰显旅游业的民生价值。年内，包括建设旅游巡回法庭、旅游警察派出所（大队）、工商旅游分局（所）、食药监旅游分局等在内的"1+3+N"旅游综合管理体制改革在全国更多地区实施，形成了上下一致、协调联动的旅游市场监管体系。

（四）优质旅游彰显需求侧个性也遵从供给侧标准

随着旅游需求的多元化，更多人从标准化的快捷酒店转向了更加个性化的民宿。首个涉及民宿的国家行业标准《旅游民宿基本要求与评价》于2018年10月1日正式生效。该标准有利于引导民宿行业形成发展新样态，和促进民宿升级换代，并注重标准化与个性化并重，提升行业的整体水平。年内，相关部门还启动了《旅游饭店星级的划分与评定》（GB/T 14308—2010）修订工作。本次修订把握规范化与特色化发展相结合、经济效益与社会效益相结合、历史传承与时代创新相结合、本土化与国际化相结合、扩大队伍与提升品质相结合等五项原则，保持标准的先进性、前瞻性、引领性，维护星级饭店品牌，促进了旅游饭店业持续健康发展。此外，旅游行业标准《精品旅游饭店》正式发布，有利于旅游住宿业结构不断调整优化和行业发展转向创新驱动，更有利于推进供给侧结构性改革，提高整个旅游住宿供给体系质量和效率，增强持续增长的动力。

（五）旅游志愿服务和文明旅游活动成为常态

文化和旅游部、中央文明办印发了《关于开展2018年文化志愿服务工作的通知》，全国各地区和景区开展了致力于提升游客旅游体验，树立良好旅游目的地形象的旅游志愿服务活动，为游客提供文明引导、游览讲解、信息咨询和应急救援等服务。年内，还开展了"为中国加分，百城联动"文明旅游专题活动，引导广大游客理性消费、文明出游，自觉抵制不文明行为，不参加"不合理低价游"。要求旅游企业严格落实文明旅游主体责任，导游、领队担负起文明旅游引导员、志愿者的职责，积极传递正能量，自觉维护国家形象。

（六）旅游安全底线越来越高

为认真贯彻落实党中央、国务院安全生产的部署决策，文化和旅游部下发了《旅游工作安全要点的通知》以及有关做好清明、端午、中秋、国庆及暑期旅游安全工作的通知，开展了2018年旅游安全宣传咨询日活动。旅游行政管理部门按照《旅游法》等法律、法规的要求，加强对旅行社等旅游企业的安全监管，强化对相关部门的安全协调，提升公共服务意识，强化旅游安全治理中公共服务的有效供给，对游客从事前安全旅游信息提供、旅游安全监测预警，事中旅游安全应急救援，事后旅游安全帮扶等全过程，构建旅游安全公共服务体系，为旅游活动顺利开展提供全面的安全保障。2018年，还实施了"加强实施旅游安全整治、旅游安全宣传培训、旅游保险保障、旅游安全应急能力提升"四大行动。

（七）旅游信息化进入大数据驱动时代

文化和旅游部实施了2018年全国旅游信息化示范项目的组织申报和评选，多地开展了旅游信息化、智慧旅游建设的规划编写、经验推介、会议、论坛、项目招标、培训等大量相关工作，致力于利用互联网和大数据等先进技术推动我国旅游业的快速转型升级，朝着智慧化，信息化不断发展。通过信息化建设，越来越多的涉旅场所实现了免费Wi-Fi、通信信号、视频监控全覆盖，主要旅游消费场所实现在线预订、网上支付，主要旅游区实现智能导游、电子讲解、实时信息推送，咨询、导览、导游、导购、导航和分享评价等智能化旅游服务系统进一步加快建设。

二、我国旅游公共服务与旅游管理新要求及趋势

（一）旅游公共服务有更高效能

中国特色社会主义进入新时代，社会主要矛盾已经转化为人民日益增长的美好生活需要和不平衡不充分的发展之间的矛盾。旅游业作为国务院确定的五大幸福产业之首，必然要承担起满足广大老百姓美好生活需求的功能。全面构建结构完善、高效普惠、集约共享、便利可及、全域覆盖、标准规范的旅游公共服务体系，提升服务效能，以及民众幸福感和获得感，是缓解社会矛盾，缩小我国与世界旅游强国的差距，助推我国实现世界旅游强国之梦的重要方式。

（二）旅游公共服务结构性供给更加合理

旅游公共服务的供给数量与质量难以满足广大游客的多元高质需求，积累了许多结构性问题。目前我国旅游公共服务体系仍然存在供给主体单一、运行机制效率低下、资金短缺和行政部门服务意识较弱等问题，旅游公共服务设施与高速增长的旅游需求之间的全面协调有待进一步深化。为完善和提效旅游公共服务发展，应发挥各主体的共同作用，将民营企业、社会组织、个人等参与积极性调动起来，形成多元化的供给体制。此外，旅游公共服务是文旅融合的重要辅助，紧密结合公共服务产业、拓宽旅游公共服务边界，创新旅游公共服务内涵，将成为文旅融合背景下改善旅游公共服务的主要目标。

（三）旅游公共服务更加全域化

一方面，全域旅游时代，大众化和自助化的旅游发展趋势对我国公共服务体系提出了新的要求。完善旅游功能区公共服务体系，创新旅游公共服务方式，提升城乡旅游和人居环境，是全域旅游背景下提高游客对公共服务的获得感和幸福感的重要方式。另一方面，旅游公共服务建设不仅肩负着服务旅游者的重任，也担任着提升旅游目的地城市居民环境和基础设施的艰巨任务。全域旅游把一个行政区域作为完善目的地来建设，既带动旅游城市的经济发展，也影响着当地居民的生活环境。利用本地公共服务资源，协调游客与居民的不同需求，将成为提高城市公共服务资源使用效率，增加旅游公共服务效能的首要任务。

（四）旅游市场治理体系要更加现代化

一是建设以政府和企业为主的多元化旅游治理队伍。旅游市场治理涉及政府、企业、非政府组织、行业协会、民间社团、学校、社区等广大组织，是政府—社会—个人良性互动形成的均衡态势。建设现代化旅游市场治理体系，政府发挥在立法、执法和监管方面主体作用，形成政府部门协作配合的综合治理队伍；企业重视在旅游市场自治方面发挥主体作用，大型旅游企业带头做好自身市场治理；同时学校、社区、街道等机构利用好其教育、监督功能。另外，提升旅游相关人员的素质，构建科学的旅游行政管理人员选拔制度，实行旅游职业资格准入制度等加强治理主体素质的工作也不容忽视。二是形成供给管理和需求引导相结合的治理机制。旅游市场的治理，要按照依法治旅的原则，从要素供给、制度供给和需求侧三个层面构建供需两侧相结合的旅游市场治理体系。首先要补齐吃、住、行、游、购、娱等要素中的市场治理短板，通过完善导游自由执业、改革旅行社质量保证金、创新企业主体问责等制度加强旅行社、导游、餐饮等重点市场风险环节的控制。其次应在《旅游法》框架下，完善合法、科学、合理的旅游条例和地方的行政法规，倡导符合旅游市场规律的社会规则、道德准则、伦理秩序。最后从旅游消费需求、游客行为、消费习惯等方面引导游客文明、有序旅游，杜绝旅游市场秩序乱象。三是制定科学的旅游市场治理效果评价制度。游客是旅游发展的重要主体，游客满意度是评价旅游治理质量的重要指标。国家旅游行政主管部门要编制、发布科学的旅游市场秩序综合水平指数，建立旅行服务业服务质量评价指标体系，建全导游荣誉制度、导游从业服务档案制度，从行业不同角度制定科学的效果评价制度。

三、优化旅游公共服务与旅游治理的建议

2018年是深化优质旅游和全域旅游的攻坚之年，也是深入推进文旅融合的关键之年，更加均衡充分的旅游新诉求倒逼旅游公共服务和治理升级。重新审视旅游环境和发展条件，我们应更多地关注政策是否落地、有效和协调，以游客满意、市场主体获益、社会民众认可为旅游公共服务升级和政策创新的立足点。着力推进文化和旅游公共服务体系融合发展，提升人民群众旅行游憩品质获得感、市场主体对优质旅游的认同感，推动全域化旅游公共服务政策规划落地落实，实现区域旅游公共服务体系发展更平衡更充分。

（一）探索"文化+旅游"公共服务与政府治理新模式

以习近平新时代中国特色社会主义思想，特别是文化与旅游融合发展思想为指导，统领公共服务供给侧结构性改革。一是着力推动旅游与文化共建共享，统筹规划旅游与文化资源，统筹保障居民、旅游者、旅居者旅游与文化公共服

务的新需求，实现旅游发展与文化繁荣。有效增加文化体验与旅游消费领域的公共投入，充分挖掘文化旅游融合发展潜力，以"旅游＋文化"推动形成多领域公共服务体系融合发展新格局，能融则融、宜融则融，努力增强融合质量和效果，丰富"旅游＋文化"内涵，创新公共服务体系与治理模式。二是抓住机构改革逐步到位的机遇期，进一步加强地方"文化＋旅游"数据中心建设的统筹、指导和实践推进工作。探索制定"文化＋旅游"大数据技术规范，引导地方遵循相同的标准、相同的方法实施旅游大数据接入和挖掘。

（二）着力提升人民群众旅行游憩品质获得感

让游客有品质获得感，是发展优质旅游的第一要务。牢牢把握人民群众对旅游的需求从"有没有"向"好不好"转变、从数量向品质需求转变。一是确立以游客核心诉求为导向、补齐品质旅游短板的新目标，着力完善城市生活空间、商业环境和公共服务等关键领域，持之以恒地回应旅游的善意、包容、便利、品质等刚性诉求，重点解决人民对美好旅游生活的需要和旅游公共服务供给不平衡、不充分之间的矛盾，不断增强广大游客的品质感和获得感。二是将居民休闲需求与游客行为调查作为文化＋旅游公共服务体系建设、政策供给的基础资料。调查时，依据居民的传统文化、旅游偏好、消费能力、年龄结构、生活习惯等方面的差异，有特色地建设旅游公共设施和提供旅游公共服务，避免在旅游治理供给方面的"一刀切"。兼顾一日游客、短期旅游者、长期旅居者等的需求，做到休闲空间共建共享。

（三）引导提升市场主体对优质旅游的认同感

当前旅游经济正从自然增长走向创新驱动，要坚持社会主义核心价值观和正确的发展导向，引导市场主体走内涵式、高品质、高渗透融合发展之路。一是在法治的框架下持续推进旅游政策供给侧改革，警惕追风投资和不良舆论，不断完善基于契约、诚信、价值观的长效治理机制，建设优质旅游时代新型政商关系、商游关系、商商关系、商社关系，用市场和法治推动新时代旅游业创新发展。二是持续加强对旅游企业的调研指导，引导旅游企业在发展壮大的同时，不断增强企业的社会责任意识。通过515大会、中国旅游发展论坛等业内会议，表彰、鼓励那些为提供优质旅游产品和服务而持续创新的企业和企业家，增强企业家们服务社会、服务游客的责任心和荣誉感。

（四）立足主客共享推动旅游公共服务全域化

一是贯彻落实好《全域旅游示范区创建工作导则》，抓全域旅游示范创建单位创建，对全域旅游进行分类指导和验收。以厕所革命、旅游风景道、全域旅游游客中心建设为重点，加快旅游公共信息服务、旅游安全保障、旅游交通便捷服务、旅游惠民便民服务建设，努力解决"断头路"和景区"最后一公里"问题，补齐旅游公共服务短板。二是积极开展前期调研，加快推进相关标准的制定出台，引导各地加快建设城市观光巴士、休闲绿道、停车场、无障碍设施、旅游紧急救援等设施和服务。三是推进全国各地开展对《全域旅游示范区创建工作导则》《"十三五"旅游公共服务规划》《全域旅游服务中心规范》《城市旅游服务中心规范》标准进行滚动式培训。四是鼓励城乡社区之间开放共享休闲空间，实现旅游休憩空间的优势互补。充分开发城市街道的休闲功能，将城市休闲空间有机串联，鼓励工厂、办公楼、医院、学校等单位结合实际情况适度增加旅游休憩功能。广阔的自然保护地、农地、林地、草地等在发挥主体功能、保障生态安全的前提下，要积极增强可进入性并对居民开放，并通过旅游绿道网络串联起来。在农村社区积极推动基本公共服务均等化发展，争取实现城乡休闲水平一体化发展。让居民的休闲空间从点状的郊区景区拓展到面状的广阔郊野。

第五章

国民休闲与区域旅游发展

2018年，在全域旅游、供给侧改革、居民消费升级因素驱动下，国民休闲和国内旅游均呈现出纵深化发展。其中，国民休闲呈现"两优一减"的总体特征，区域旅游呈现"稳中有变、不断收敛"的发展趋势。2018年，国民休闲时间趋少的特征有所减缓，休闲空间范围不断扩大、休闲活动结构向"积极"转化的趋势将更加显现，休闲市场大幅增长，产业投资和创新更加活跃，经济社会效应更加明显，旅游成为经济增长的新引擎、产业体系升级扩容的新动力、人民幸福生活的新指标。区域旅游发展格局将稳中有变，不断向好，在跨区域交通基础设施和大型国家旅游线路不断完善的背景下，结合中西部旅游市场主体的培育壮大和地方旅游发展不断寻求亮点突破和模式创新。国民旅游诉求正在从美丽风景转向美好生活，旅游目的地建设已经跨越了追求美丽风景，进而走向美好生活的发展阶段。

一、国民休闲"两优一减"的总特征稳中向优

（一）国民休闲环境持续优化，质量有所提升

根据中国旅游研究院对我国国民休闲发展情况的跟踪研究，2018年来国民休闲有以下发展趋势：

1. 国民休闲环境进一步优化，休闲时间减少有所缓解

2018年，为了有效增加居民休闲时间，刺激旅游休闲消费需求，有关部门已把落实职工带薪休假制度作为重要抓手，通过多种形式提出大力落实职工带薪休假制度，保障职工合法权益。同时鼓励弹性作息和错峰休假，避免集中休假的负面影响。随着落实带薪年休假、构建和谐劳动关系等政策逐步推进，我

国城乡居民的休闲时间不断减少的趋势有所减缓，经济发展给居民带来休闲水平得到同步提升。

2. 国民休闲空间进一步优化，城乡差距逐步缩减

城镇居民居家休闲的比重不断下降，远距离休闲比重则稳步上升，居民的休闲空间呈持续延展的趋势。即城镇居民不再满足于居家或社区内休闲，公园绿地、环城郊野、旅游景区成了重要的休闲空间。相对而言，农村居民仍然以居家休闲为主，户外休闲也主要集中在村头巷尾。与城镇居民相比，农村居民受到可支配收入、休闲场所、休闲设施、交通工具等因素制约，休闲空间仍局限在可接受的步行范围内。此外，新型城镇化正在逐步扭转"重生产、轻生活"的建设倾向，城市规划更加重视休闲游憩功能，加强文化设施、体育健身场所、公园绿地等公共服务设施建设，构建便捷生活服务圈，有利于完善城镇居民社区休闲空间。新农村建设和美丽乡村、乡村旅游发展正在改善农村人居环境，促进公共文化服务和全民健身均等化，有助于缩小城乡休闲的规模、结构和质量差距。

与此同时，林业、农业与旅游业融合发展越来越紧密，更多的自然保护地、林地、农地、草地等被赋予旅游功能，这些郊野游憩地区又被快速发展的旅游绿道体系串联在一起，传统郊野游憩空间总量少、进入性差的问题正在得到有效缓解。全域旅游正在推动旅游业从门票经济向产业经济转变，部分景区打开大门、降低门票、丰富业态，成为城乡居民重要的日常休闲空间。很多工厂、办公楼、医院、学校等非传统休闲场所也都积极配套休闲设施、完善休闲功能，休闲空间呈现出全域化发展的趋势。

3. "积极"休闲活动比重增加并形成消费新热点

2018年，我国居民的休闲活动更加"积极"，室内休闲比重有所下降，旅游等融合休闲、深度休闲比重有所上升。"积极"休闲能够带来更多的健康、文化、教育、社交等功能。国务院办公厅发布《关于进一步扩大旅游文化体育健康养老教育培训等领域消费的意见》，着力推进旅游、文化、体育、健康、养老、教育等幸福产业服务消费的提质扩容，释放潜在消费需求。这些幸福产业服务正是"积极"休闲活动的重要组成内容，通过供给侧改革优化休闲环境，有利于城乡居民进一步增加"积极"休闲比重，享受休闲带来的综合福利功能。

农村居民则仍然以"消极"休闲为主，休闲活动并未充分发挥提高农村居民福利的积极功能，对此需要从国家层面予以关注并逐步解决。

（二）休闲区域供给不平衡不充分的矛盾仍然突出

党的十九大报告指出，我国社会主要矛盾已经转化为人民日益增长的美好生活需要和不平衡不充分的发展之间的矛盾。在满足人民日益增长的美好生活需要成为发展要务的当下中国，休闲发展面临重要机遇，也存在各种不足，具体表现为休闲时间少而不均，休闲空间不统一，休闲供需错位，休闲竞争力东西梯度格局。

1. 休闲时间少且不均制约旅游产业可持续发展

近年来我国城乡居民的年休闲时间总量呈现出持续减少的趋势。2017年我国城镇和农村居民的年休闲时间总量仅为2012年的79.3%和81.6%。与发达国家相比，我国居民的年休闲时间总量处于较低水平，而且随经济发展呈现出工作时间增加、休闲时间减少的趋势，已成为制约居民休闲水平提升的最主要因素，也制约了我国旅游休闲产业的可持续发展和居民生活品质的获得感。城镇居民节假日碎片化严重，将年假"化整为零"的现象非常普遍。由于居民的休闲空间范围和休闲内容多元化程度受连续休闲时间长度影响，节假日碎片化进一步制约了既定休闲时间长度下的居民休闲质量。节假日过分集中，多数居民缺乏带薪年休假，只能利用法定节假日来出游，导致景区严重超载、游客体验较差、淡旺季波动剧烈，严重制约旅游产业的可持续发展。职工休闲时间较少导致很多居民"无假可度"，严重制约度假行业的发展，并导致现实度假游客里中青年较少。以海南冬季旅居和邮轮出境旅游为代表的度假行业都呈现出游客严重老龄化的特征。我国邮轮产业在市场渗透率较低的背景下已经出现了增速放缓和运力下滑的趋势，由于客源市场扩容速度低且竞争激烈，直接导致了本土邮轮公司天海邮轮退出市场。

2. 休闲资源多头管理制约了统一休闲空间的形成

城市社区休闲空间总量不足、分布不均。近期在杭州、孝感等地发生的跳广场舞老人与打篮球青年争抢场地事件，重要原因是休闲空间不足、休闲管理滞后。很多社区在建设休闲空间时忽视了需求调查,未实现"闲住平衡",导致距离过远、结构错位,影响了休闲功能的发挥。

郊野休闲空间逐步发挥旅游休闲功能,但总体来看可进入性不强,很多自然保护地"怕麻烦"而直接一关了之,将游客拒之门外。我国自然保护地包括自然保护区、风景名胜区、森林公园、地质公园、湿地公园、水利风景区、沙漠公园、海洋公园等多种类型,郊野休闲空间管理政出多门,缺乏统一规划,景区之间缺乏旅游绿道串联,一体化、可亲近的郊野休闲空间尚未形成。部分中低等级景区定位不准,不顾市场辐射半径和自身条件,过于强调开发远程旅游市场,而忽视了近程居民休闲游憩功能,产品供给与市场需求严重错位,最终陷入"远程旅游者不愿来、近程休闲者去不起、景区惨淡经营、居民无处休闲"的多输困境。

3. 休闲服务的供给与需求尚存在一定程度错位

根据中国旅游研究院的调查,居民的主要休闲活动包括观光游览、餐饮购物、体育健身、文化娱乐、居家休闲等类型。成熟完善的休闲环境应该从居民的综合休闲需求出发,接近客源、种类齐全、结构匹配。但体育设施、文化设施、公园绿地、商业设施等由不同部门分头管理,城市总体规划又长期轻视休闲游憩功能,缺乏系统性的休闲游憩规划,导致居民可享受的休闲活动常常出现缺项。

部分公共机构服务意识不强,管理方式滞后,现代科技应用不足,不能依据居民休闲需求特征及时调整开放时间、休闲产品、服务内容等,供求出现了不同程度的时空错位。很多地区的商业综合体、民营休闲项目、收费景区等门庭若市,而免费开放的博物馆、文化馆、旅游咨询中心等门可罗雀。大量的公共服务投入并没有带来居民休闲水平的充分提升,或者说好事没有办好,老百姓没有获得感。

4. 休闲城市综合竞争力依然以东部地区为主

研究结果显示,2018年在中国休闲城市排名中,深圳市、北京市、广州市、拉萨市、厦门市、南京市、上海市、苏州市、杭州市、武汉市排名比较靠前。在40个城市之中排名前十位的城市有深圳、北京、广州、拉萨、厦门、南京、上海、苏州、杭州、武汉。深圳在5个单项指数中得分均较高,综合实力最强,位列综合排名第一位。北京作为中国的文化中心，服务业发展水平较高，其休闲经济影响力指数得分最高。苏州的休闲需求拉动力表现突出。广州、拉萨和厦门在各方面得分较为均衡，综合竞争力较为靠前。深圳作为休闲城市的典型代表，休闲城市竞争力位居首位，主要是因为休闲产品供给力、基础设施承载力、生态环境吸引力这三部分得分均位于第一名。表示深圳无论是在产品供给、设施设备还是生态环境方面都有着坚实的发展基础，各方面发展较为均衡。

二、区域旅游发展格局稳中有变，均衡趋势渐显

（一）区域旅游非均衡稳中向好

1. 区域间潜在出游力均衡化趋势逐渐显现

2018年，从区域旅游发展趋势来看，东、中、西三大区域之间的差距，无论是在累计潜在出游力还是在旅游产业综合发展水平方面均呈现出明显的收敛趋势，区域均衡化格局逐渐显现。2018年，客源地潜在出游力在东、中、西三大区域之间的比例约为6.2∶2.4∶1.4，相比较长期处于"7∶2∶1"的三级阶梯状分布格局已有所收敛，逐渐呈现出均衡发展的态势。

2. 中西部地区旅游产业化速度高于东部

全国31个省（市、区）旅游目的地发展指数的区域分异依然显著，东部地区由于经济社会发达、旅游产业基础良好，依然是国内旅游目的地的核心区域。2017年东、中、西三大区域之间旅游接待量所占比例分别为42.04%、25.28%、32.68%，总体呈现4.2∶2.5∶3.2的格局，相比较长期处于"5∶3∶2"的阶梯分布格局已有所收敛。伴随着西部大开发、"一带一路""旅游+"以及全域旅游等一系列国家战略的不断推进，中、西部地区旅游产业发展速度不断提升，项目和资本逐步向中、西部聚焦，东、西部的产业化速度高于东部地区。2017年中、西部地区旅游收入的增长率分别为25.79%和27.69%，超过东部地区的9.63%；旅游人数的增长率分别为18.62%和22.65%，超过东部地区的3.55%。中、西部地区旅游发展的后发效应与比较优势逐渐凸显，区域之间的合作与战略连接

不断加强，使得旅游业正在成为影响中国经济走向的重要力量，为解决我国区域间不平衡发展问题提供了一定的支撑。

3. 区域间客流互动加强，促使均衡化发展格局显现

区域旅游流空间格局总体稳定，东部地区在旅游客流量和旅游交通便捷度方面均保持较强优势。其中客流量方面依然以东部三大经济区之间、三大经济区与成渝经济区之间、长三角与中部地区之间旅游流为主。旅游通道便捷度方面，长三角内部的便捷度指数在区域尺度相对较高，达到17.52。北京流向天津的旅游流便捷度在省际尺度相对较高，达到19.62。相较于2010年数据，中、西部地区的旅游流呈现快速发展趋势，如成渝地区与中部六省之间的旅游流增长了21.2%，便捷度提升了27.8%；与环渤海地区的旅游流增长63.2%，便捷度提升了52.9%、与长三角的旅游流增长了72.6%，便捷度提升了56.5%；与珠三角的旅游流增长了105.8%，便捷度提升了114.8%。旅游流的快速增长带动着资金流、信息流、人才流以及文化流的互动发展，为区域间均衡发展起到促进作用。

（二）政策依赖、市场主体和经济关联是需要关注的问题

1. 政策依赖度明显，非政策辐射区旅游业发展速度依然缓慢

地方政府在推动区域旅游均衡发展发展中应主动将区域旅游发展纳入到地方社会经济发展大格局，有针对性地做好发展规划与创新引导工作，通过制度创新为区域旅游业注入新活力。而在现实操作中，中、西部地区很多地方政府"等、靠、要"的思想严重，对国家战略及政策的依赖度较强，缺少自身的主动性和创新性，导致中、西部地区内部发展差距依然较大，甚至有增大的趋势。具体表现为，国家战略、区域合作以及高速交通网络辐射的区域旅游业增速明显，而非辐射区域旅游业增速一般。如2014~2018年西藏、甘肃、新疆等"一带一路"战略辐射区域的旅游接待量均有23%以上的增长，而受辐射较小的内蒙古、宁夏等地的增长率均在13%以下。

2. 市场主体区域分异明显，中、西部地区内核动力相对不足

市场主体作为旅游产业发展的核心，对区域旅游可持续发展具有决定性作用。当前我国东部地区集聚了全国80%以上的核心旅游企业，以中国旅游集团

20强为例,几乎所有的20强集团总部均分布在东部地区,而受人才、资金、市场的影响,中西部地区的旅游企业多以"弱、小、散"为主。"十二五"期间东部地区旅游投资有57%来自于企业(股份制企业投资高达28%),中部地区旅游投资48%来自于企业(股份制企业投资为25%),西部地区旅游投资有43%来自于企业,说明中西部地区旅游企业主体的实力以及创新动力都有待提升。

3. 旅游业经济社会关联度变强,中、西部旅游产业配套要素仍需完善

在进入大众旅游与区域旅游发展的新阶段,旅游业发展对整体经济社会发展水平的依赖度明显增强,资本、技术、人才、文创等要素成为区域旅游发展的内在动力。东部地区由于社会经济发达,旅游产业要素也已完善,标准化工程基本完成,已经进入旅游产业国际化发展阶段。受社会经济水平的影响,中部地区正处于旅游产业标准化阶段,西部地区则处在旅游产业化发展阶段。我国广大中西部地区无论在旅游交通、旅游集散中心、旅游标识系统,还是在旅游互联网、旅游人才等方面都有较大的缺口,在"商、养、学、闲、情、奇"等旅游新六要素方面也存在较多不足。旅游产业要素的发展需要大量的资金跟进,这成为制约中西部地区旅游业发展的最大瓶颈。

三、国内旅游发展新业态及新经验不断涌现

(一)文化和旅游融合逐渐走向深水区

1. 天津:文旅融合培育城市发展新动能

近年来,天津坚持五大发展理念,以建设旅游强市、打造国际旅游目的地和集散地为目标,取得显著成效。2017年,全市共接待游客2.11亿人次,同比增长10.5%;旅游总收入3545.44亿元,同比增长12.4%。旅游已逐步成为天津经济发展的强力引擎和提升人民幸福指数的有效途径。

一是海河"金龙起舞"亮出城市名片。根据《天津市旅游业发展"十三五"规划》,天津正进一步完善"一带三区九组团"的空间规划布局。其中,"一带"即运河—海河旅游观光带,在海河上游,继续整合两岸历史人文景观,丰富商

业业态，充实沿岸休闲观光等服务设施，增加沿岸的演艺活动；继续打造海河风光游，成为龙头产品；海河上游紧密与运河衔接，在保护生态的基础上，以世界文化遗产大运河为核心，打造运河旅游观光带。

二是讲好天津故事，展示旅游形象。由天津市政府新闻办公室、天津广播电视台联合制作的新版城市形象宣传片《渤海明珠活力之城》，此前在天津卫视、2018天津夏季达沃斯论坛等多平台发布。天津旅游部门和企业积极利用达沃斯论坛、世界智能大会、"一带一路"国际港口城市研讨会等契机，讲好天津故事，展示旅游形象。

2. 贵州省借助文化艺术节打造文旅融合新平台

2018年，贵州省根据《关于建设多彩贵州民族特色文化强省的实施意见》《省委宣传部2018年宣传思想文化工作要点》等多个文化旅游融合指导性文件，开展了丰富多彩的节庆活动。2018年8月中旬至10月底，贵州省围绕感恩四十载圆梦新未来的主题，开展了2018年多彩贵州文化艺术节，其中包括：贵州珍藏中国美术精品汇展，庆祝改革开放40周年优秀舞台剧目展演，贵州省第四届美术专业比赛，庆祝改革开放40周年广场舞展演，优秀剧目乡村展演，黔·视界2018非遗文化艺术周等6大主题活动，使得贵州民族文化得到了全面系统的展现，同时为贵州省文化旅游融合发展提供了新的平台。

（二）政策理念创新案例

1. 以国家级旅游度假区创建为抓手，全面助推乡村旅游建设

浙江安吉灵峰以国家级旅游度假区创建为抓手，全面助推乡村旅游建设。灵峰度假区通过市场分析，剖析自身优势，明确主题定位。确立度假区以"美丽乡村"为核心主题打造国家级旅游度假区。通过"企业+农户"的模式，吸引外资推动乡村建设，完善旅游配套，打造美丽乡村精品示范区。灵峰绿道骑行、人工湖景观、浒溪生态河道景观、四季花海景观、游客中心等一批旅游公共服务产品更加完善。同时灵峰旅游度假区大力推进智慧旅游工程建设，结合"互联网+"、云计算等现代信息技术来为游客提供更好的服务，增强休闲度假体验。如今的灵峰旅游度假区已经形成了乡村特色旅游资源、自然生态旅游资源、禅宗文化旅游资源三大旅游资源体系。

2. 依托全域旅游示范区创建工作实施方案引导全市旅游业发展

宁夏回族自治区也制定并出台了《宁夏全域旅游示范区创建工作实施方案》，按照"全景、全业、全时、全民"模式，创建全域旅游示范省（区），构建宁夏"一核、两带、三廊、七板块、百点支撑"的全域旅游新格局。通过业态融合，创新旅游大发展。旅游与新生活方式的融合也成为一种趋势，旅游+教育、旅游+休闲度假、旅游+健康养生、旅游+新型养老、旅游+互联网等全域旅游新业态不断涌现，推动宁夏旅游快速发展。

（三）旅游扶贫创新案例

1. 河南淅川借助旅游实现绿色扶贫之路

一是淅川县巧妙借力南水北调，助推旅游扶贫发展。借助南水北调中线工程渠首地、核心水源区的优越地位，发展乡村旅游。以"资源共享、突出特色、相互补充、共同发展"为理念，力求37个旅游扶贫重点村的旅游产业具有高创意特色化、可持续发展性，助力旅游扶贫。

2. 内蒙古通过乡村旅游带动贫困地区新发展

内蒙古自治区通过国家文化和旅游部、国务院扶贫办"千千万万工程"，与农业部门共同开展休闲农业和乡村旅游示范县、示范点创建；组织星级乡村旅游接待户评定，组织"特色旅游村"和"特色家庭旅游线"创建，与自治区扶贫办共同制订专题方案推进旅游扶贫。以阿拉善盟为例，截至2018年年初，其农牧家乐旅游点接待户达到215个（其中星级接待户83家），大漠旅游接待驿站39个，全盟参与旅游及相关行业就业的农牧民达到1.7万人，占农牧区总人数的30%。

四、2019国民休闲与区域旅游发展趋势与发展建议

（一）整体环境依然向好，区域均衡化发展格局将更加凸显

1. 空间优化和方式积极将成为国民休闲的主要发展趋势

国民休闲时间不足的短板在短期内难以有效改善，通过优化产品结构增加

有效休闲供给，完善城乡休闲设施提高国民休闲水平将成为2018年和未来一段时间国民休闲的主要发展趋势。

产品结构将进一步优化，有效休闲供给得到提升。全域旅游在推进过程中会逐步形成分区化的休闲体系，包括休闲社区、度假区、中央休闲区等，并结合区域实际情况，进行多方位产业融合，提升休闲产品和服务质量，打造休闲市场环境，在为外地游客提供更多旅游产品的同时也为本地居民创造了新的消费点。同时，下列正在逐步推进的公共休闲空间建设，也将促进休闲产品升级和有效休闲供给提升。政府不断推进公共休闲空间建设，包括城市公园、休闲步行街等；设置旅游度假区、国民休闲地、休闲绿道，落实城市的游憩功能；建立数量众多、内容丰富的休闲农庄、创意农业等休闲业态；挖掘区域的文化内涵，提供免费休闲场所，包括各类公园、纪念馆、博物馆、艺术馆等，将文化生活与休闲生活相结合；在建设过程中设置小体量的休闲设施，在钢筋水泥的丛林中为城市居民预留足够的休闲空间。

城乡休闲设施不断完善，国民休闲水平得到提高。越来越多的地方政府按照城乡基本公共服务均等化与居民生活水平同质化的要求，全方位打造城乡休闲基础设施，完善城乡基础设施建设，提升城乡公共服务质量与水平，缩小城乡间公共服务的相对差距。同时，将休闲旅游与区域城镇化相结合，在城镇化地区利用现有的旅游资源及其他有利条件，大力发展休闲度假产业，推动城镇的规模、功能，加强辐射扩散效应；推进休闲农业与乡村旅游发展，注重生态保护和文化传承，加强休闲基础设施建设，充分利用自然生态、生产生活、民俗风情等资源，打造休闲农业区域品牌，提高居民收入水平，改善当地的社会设施、基础设施、公共服务水平，提高城镇居民的休闲消费水平。

2. 促进区域旅游均衡发展的利好效应将持续释放

促进区域旅游均衡发展的利好效应将持续释放。2019年，客源地潜在出游力在东、中、西三大区域之间的比例将朝6∶2∶1的格局发展。2018年，诸多战略和工程在促进区域旅游均衡发展的综合效应将持续释放：一是国家战略的辐射范围和战略效应将进一步扩大。二是辐射中、西部地区的跨区域旅游合作不断加强。三是中、西部地区高速交通网络骨架工程和对接工程相继建设完工。

国家战略的辐射范围和战略效应将进一步扩大。除"一带一路"、精准扶贫战略外，原国家旅游局出台的边境旅游示范区、扶贫旅游示范点、红色旅游示范点等辐射范围更广、倾斜中西部地区的旅游业专项战略，其综合效应将逐步显现。

辐射中西部地区的跨区域旅游合作不断加强。国家旅游局主推的大型国家旅游线路，尤其是贯穿东、中、西三个区域的丝绸之路旅游线、黄河文明旅游线、长江国际黄金旅游带等将有效联合东中西三大区域，实现东部带动中西部旅游发展。

中西部地区高速交通网络骨架工程和对接工程相继建设完工。2017年有6条新的高铁（城铁）线路开通运营，其中5条与中西部地区有直接关联。高速公路方面，2017年全国新增高速公路5000多公里，总里程近14万公里，中西部地区是主要建设地区。国家高速交通体系向西部倾斜，大大提升了中西部地区旅游可进入性，带动了区域间旅游要素的快速流动，必将为2018年乃至今后一段时期区域旅游均衡发展奠定基础。

港珠澳大桥通车，大湾区旅游市场将现新格局。2018年10月24日，跨越伶仃洋，东连香港，西接广东珠海和澳门的港珠澳大桥正式通车。这也是粤、港、澳三地首次合作共建的超大型跨海交通工程。港珠澳大桥的投入使用大大地缩短了三地的通行时间，形成了港珠澳"1小时生活圈"粤港澳"黄金3小时旅游圈"，整个大湾区将迎来同城化、一体化的崭新时代，这也为大湾区旅游业创造了巨大的发展机遇。日前，海南、广西和广东三省签订协议，共同推进北部湾旅游经济圈建设。在广西、广东和海南三地旅游主管部门共同主办的北部湾城市群旅游合作座谈会上，三省15市县协商达成《北部湾城市群旅游合作框架协议》，以加强城市间旅游市场合作，推动景点互推、游客互送、合力建设复合型滨海旅游度假目的地，这些均将为大湾区旅游市场结构带来全新变化与机遇。

（二）围绕大众休闲需求，进一步均衡发展区域旅游

1. 以扩展时间和空间为突破口，保障国民休闲供给

一是树立以人民为中心的休闲发展观，不断增强城乡居民生活品质获得感。有效增加国民休闲领域的公共投入，全面深化供给侧结构性改革，充分挖掘休闲发展潜力，以"旅游+文化+休闲"推动形成多产业融合发展新格局，能融则融、宜融则融，努力增强产业融合质量和效果，丰富休闲内涵，延伸休闲产

业链条。保障和改善居民休闲权利，推动休闲共建共享，统筹规划城乡休闲资源，统筹保障居民、旅游者、旅居者休闲需求，实现社区和单位内部休闲空间共享。

二是增加国民休闲时间总量，优化节假日结构。继续将落实带薪休假作为增加国民休闲时间总量的重要抓手和突破口，加强监督检查，使劳动者的带薪休假落到实处。既鼓励职工错峰休假，又鼓励职工连续休假。在错峰出游避免给景区带来拥堵的同时，又保证职工能利用较长假期开展更为丰富多彩的休闲活动。在条件成熟时，可研究进一步增加法定带薪年休假天数。除了工作以外，居民有大量的休闲时间被家务劳动所挤占。进一步完善养老照护等基本社会服务，扩大普惠性学前教育，优化中小学上学时间等，有助于城乡居民缓解家务劳动压力，将更多时间用于休闲。

三是构建全域化国民休闲空间体系。科学规划布局居民的生活和居住空间。在城镇社区率先建设"15分钟休闲圈"，实现城镇居民"闲住平衡"。鼓励社区之间开放共享休闲空间，实现休闲空间的优势互补。充分开发城市街道的休闲功能，将城市休闲空间有机串联。农村社区积极推动基本公共服务均等化发展，争取实现城乡休闲水平一体化发展。鼓励工厂、办公楼、医院、学校等单位结合实际情况适度增加休闲功能，改善劳动者生产环境，激发劳动者创意思维，让休闲元素渗透到生产生活各个领域。可以基于全域旅游规划成果编制居民休闲游憩总体规划。统筹利用自然保护区、森林公园、湿地、水库、沙漠、海洋等休闲空间，构建全域性休闲空间。统筹建设文化、体育、公园绿地、商业、旅游等休闲设施，提供全要素休闲服务。休闲游憩规划与城市总体规划实现"多规合一"，保障居民的理想休闲空间能够"一张蓝图绘到底"。

2. 以国家战略为依托，进一步缩小区域旅游发展的不平衡格局

我国区域旅游发展不平衡现象由来已久，"东强西弱、南强北弱"是整体格局。东部旅游目的地的接待能力、旅游产品的丰富度和服务水平，明显优于中、西部地区。中、西部尤其西部地区，多拥有较好的生态资源，构成旅游发展的天然基础，但受限于交通基础设施、区域经济水平等因素，旅游发展相对粗放，市场化程度相对较弱。但随着我国产业发展向中西部的转移，中西部经济及旅游发展呈快速增长趋势，旅游产业发展速度明显高于西部。整体来看，我国区域旅游发展不平衡依然明显，在基础条件、经济发展水平及资金支持等方面境况不一，如何进一步缓解还存在不少挑战。

一是借助脱贫攻坚战略，为中、西部地区旅游业发展注入新动力。为促推东部与中、西部旅游发展的均衡化格局实现，国家层面也已出台举措。近期，国家发改委、财政部、文旅部等部委印发《"三区三州"等深度贫困地区旅游基础设施改造升级行动计划（2018~2020）年》（以下简称《行动计划》），以进一步加强西藏自治区、四省藏区、新疆维吾尔自治区南疆四地州、四川凉山州、云南怒江州、甘肃临夏州等深度贫困地区的旅游基础设施和公共服务设施建设，推进旅游业发展。2019年是我国全面脱贫最关键的一年，广大中西部地区应利用好国家脱贫攻坚政策，努力发展乡村旅游、民俗旅游以及生态旅游，实现广大中西部欠发达地区的"旅游产业扶贫"。

二是加快推进交通网络的建设，让东部客流可以更加顺畅地流向西部。旅游客流作为旅游空间过程中的显性流动现象，其内涵是信息流、资金流、人才流、交通流等一系列人财物的流动。加快推进中西部交通网络的建设将为东部客源地更加便捷地流向西部创造良好的外部条件。2019年各地旅游和文化部门应进一步围绕高铁通车的动机，做好快速交通接驳体系、旅游吸引物体系以及旅游产业要素体系的提前布局，迎接全民旅游、大众旅游所带来的市场井喷现象。具体来说，2019年应以京兰客运专线、昌赣高铁、大张高铁等高铁建成通车为契机，同时围绕多条高速公路通车的优越条件，加快与旅游相关部门的对接，提前布局，从而让更多的游客、信息、资金、人才以及货物从东部流向中、西部，进而带动中、西部社会经济的发展。

第六章
旅游服务质量发展评价

2018年，国内和入出境旅游服务质量稳步提升。在全域旅游不断深化和游客异地生活体验需求的推动下，国内旅游公共服务、行业服务和发展环境质量等各部分指标都持续优化，国内外游客对我国旅游产业发展质量评价高度认可，假日期间旅游发展质量平稳，"一带一路"沿线旅游目的地旅游发展质量显著改善。面对人民对美好生活的向往、文旅融合趋势、互联网便捷服务催生了对旅游品质的更多诉求，旅游服务质量的持续提升还需要依靠全域旅游、产业融合和科技创新来实现。

一、全国旅游服务质量稳中有升

近年来，中国旅游研究院（文化和旅游部数据中心）结合旅游业特点，设计了基于游客调查的全国旅游产业发展质量调研体系和评价模型，针对我国国内旅游者、出境旅游者和入境旅游者开展了连续性的季度调研，重点是从游客视角来评价以境内60个主要目的地和境外27个主要目的地为代表的中外旅游产业发展质量，研究成果重点服务于旅游服务质量提升工作。中国旅游研究院（文化和旅游部数据中心）旅游服务质量调查数据显示，2018年全国旅游服务质量稳中有升，前三季度综合评价指数为78.19，同比增长2.63%。国内游客服务质量评价指数为77.39，同比增长4.33%；入境游客对我国服务质量评价指数为78.32，同比下降11.06%；出境游客对我国服务质量评价指数为77.51，同比增长1.34%。2018年10月，世界旅游业理事会（WTTC）发布《2018年城市旅游和旅游业影响》报告，评估了全球72个城市的旅游经济贡献，全球十大旅游城市中国占据三席，上海（350亿美元）排名首位，北京（325亿美元）紧随其后位列第二，深圳（190亿美元）位列第十位，国内游客对服务质量的评价不断提高（图6-1）。

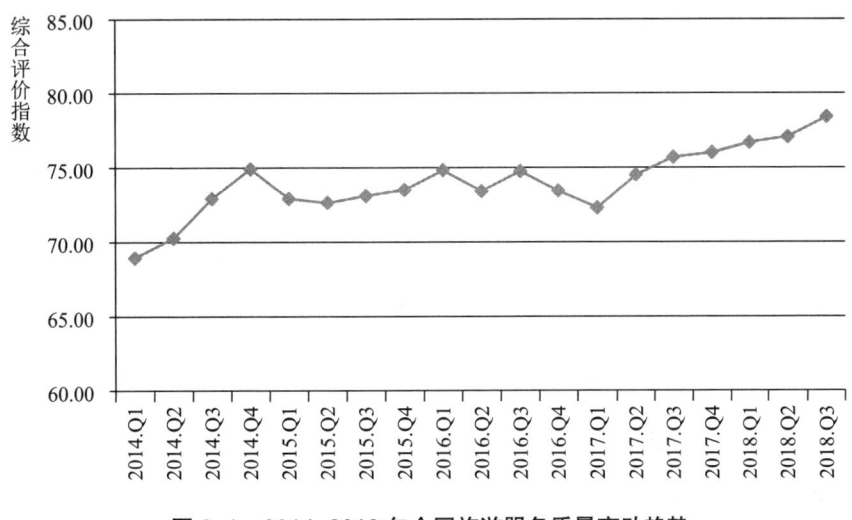

图 6-1 2014~2018 年全国旅游服务质量变动趋势

（一）目的地形象提升促进旅游服务质量改善

2018 年前三季度，国内旅游目的地形象和当地居民态度评价指数呈现上升趋势，目的地的性价比与推荐度也随时提高，促进了旅游综合质量改善和国家形象的提升。以上海为例，近年来，上海依托经济区位优势，挖掘历史人文底蕴，统筹提升旅游资源、政策环境、服务保障，整体化建设全球旅游目的地。随着世界一流的观光景点、会展活动等在上海不断涌现，上海的观光休闲旅游、会展商务旅行、体育旅游等迅速成长。2017 年，上海接待入境旅游者 873 万人次。根据万事达卡公司"2017 全球目的地城市指数"，在全球最受外国旅游者欢迎的前 20 个城市中，上海是中国大陆唯一的上榜城市。国内旅游目的地的基础设施、商业环境、居民生活方式等要素日益成为旅游竞争力的关键要素，结合自然资源和人文历史底蕴，共同推进了优质旅游的快速发展。基于主客共享的发展理念，立足投资者、创业者和旅游市场主体的创新实践，旅游目的地正在向有温度、有内涵的方向迈进（图 6-2）。

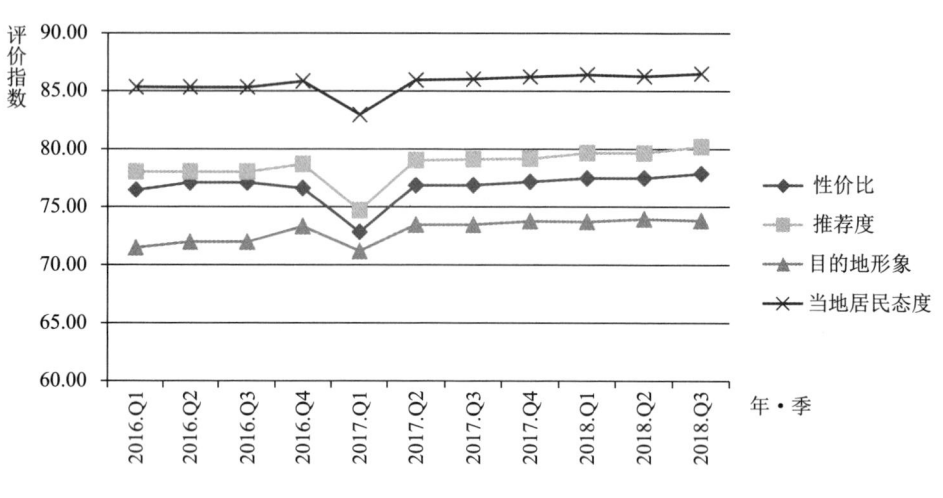

图 6-2 2016~2018 年全国旅游城市形象评价指数

（二）全域旅游助力旅游服务综合体系完善

从变动趋势来看，2018 年前三季度，旅游窗口行业服务质量保持平稳，住宿、餐饮、交通、景区以及旅行社服务评价均有不同程度的提升，购物行业基本持平。从评价水平来看，住宿、餐饮、旅行社服务评价得分较高，休闲、购物、交通、景区的服务质量评价相对偏低，未来仍有较大的提升空间。随着全域旅游的不断推进，涉旅部门、相关产业间的要素资源的流通以及信息、产品、业务间合作更加广泛，旅游综合监管体系日益健全，为旅游服务质量改进提供了更好的环境。未来，由文化和旅游、农业、林业、交通、餐饮、工商、税务、物价等多部门联合组成的综合管理部门和管理体系还将进一步完善，现代科技和社会资本的不断融入旅游领域也将助力旅游服务质量提升。以苏州为例，通过打造"以数据分析找准问题、靠责权细化理清分工、用数字平台协同工作"的管理格局，苏州全域旅游取得显著成效，周庄跳出 0.47 平方公里的古镇区发展全域旅游，让游客逐步从古镇走向乡村，从局域迈向全域，让游客在周庄体验茶香、菜香、酒香，还要见到湖泊、听到乡音、吃到河鲜、闻稻香、花香、果香，从全方位、多维度感觉周庄悠久的历史、人文、风情（图 6-3、图 6-4）。

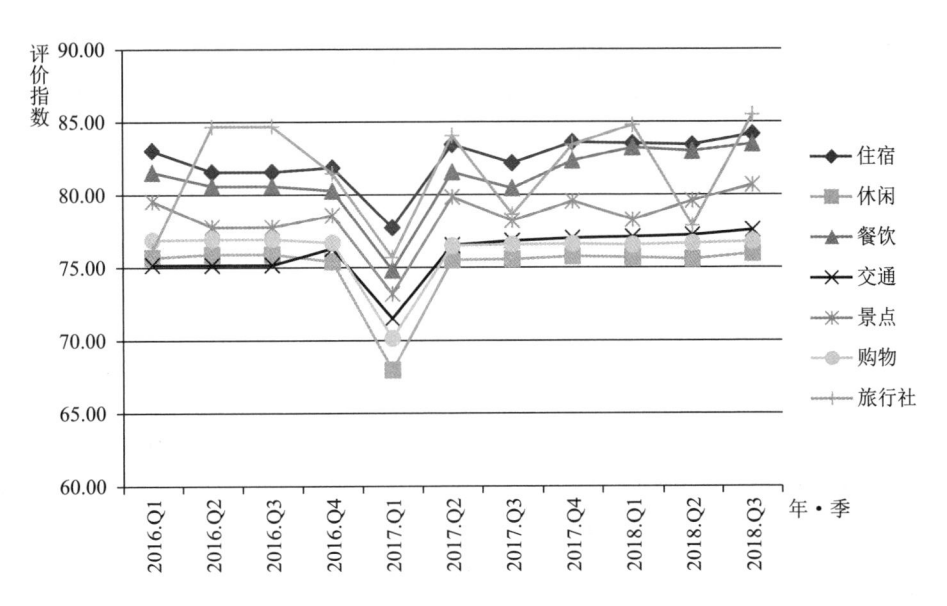

图 6-3　2016~2018 年全国旅游行业服务质量评价指数变动趋势

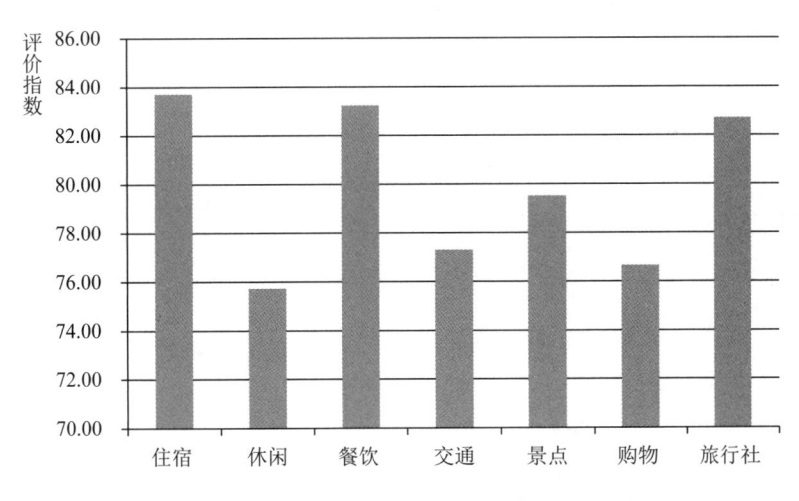

图 6-4　2018 年全国旅游行业服务质量评价指数

（三）当地化体验成为出境旅游的核心诉求

2018 年，中国游客无论是对旅游服务质量的满意度评价还是对目的地国家的总体满意度都较高，服务质量综合评价指数为 77.61，美国、法国、德国、澳大利亚、新西兰、印度尼西亚、日本满意度水平位居前列。从目的地消费行为上看，出境游客对于体验当地人生活方式的需求逐渐增长。美食、自然探索、户外运动、避寒避暑、城市休闲、深度体验、疗休养等当地化的旅游体验内容最为中国游客所青睐。尽管购物仍然为花费最高的项目，但购物比重收缩，购物内容向日常用品变化等趋势，反映出消费行为的理性转变。出境旅游需求更趋多样化，目的地成为本地居民与游客共享的生活空间。基于游客的需求，国内旅游企业深耕体验升级需求，进行了积极创新和尝试。微信出境游项 WeChat Go 与 KPN 合作推出，可用于欧洲 32 国的"KPN 微信乐游卡"电话卡和"KPN 微信乐游卡"小程序，将微信生态落地后，进一步连接用户和境外合作伙伴，利用微信生态解决用户出境游痛点，提升境外旅游体验的新服务。技术创新扩大旅游供给，将为游客体验当地生活创造更好条件，例如，百度、携程携手推出能够自动识别语种的"百度共享 WiFi 翻译机"，在携程 App 上线接受旅游者预订。依托全球领先的语音自动识别技术和机器翻译技术，一次解决境外旅游期间的翻译、网络两大难题，既可以当Wi-Fi 热点，也可以帮助游客翻译，将使得外语"小白"、老年人都将轻松自在出国。

（四）国内主旅游要城市和"一带一路"国家服务提质增效明显

2018 年前三季度，60 个旅游城市中，国内游客对杭州、上海、苏州、厦门、济南等主要旅游城市旅游服务质量评价较高。处于 80 分以上满意水平的城市数量明显增多，处于 75 分以上满意水平的城市超过 70%，只有 3% 左右的样本城市处于 70 分以下。旅游城市服务质量评价整体提升与旅游管理水平提高有密切关系。2018 年，杭州大力推进旅游对外宣传营销、"旅游+"产业融合、"万村景区化"工程、A 级景区创建管理、乡村旅游和民宿经济、旅游厕所革命等工作，全市旅游经济呈现良好发展态势。 一村一幅画、一镇一天地、一城一风光，杭州正逐渐向"全域大美格局"下的"国际重要旅游休闲中心"迈进，旅游服务质量稳步提升。历年调查结果表明，以重点旅游城市为代表的我国旅游服务质量整体是有保障、可信赖的，部分细节性问题并没有影响大部分游客对旅游目的地服务质量的整体判断。

随着"一带一路"建设不断推进，沿线各国签署合作备忘录，简化民众的签证手续,将极大地促进出入境旅游发展。2017年起,"一带一路"国家入境游客活跃度明显上升,文物古迹、山水风光、文化艺术、美食烹调是入境游客最为喜爱的旅游项目。2018年上半年,中国游客赴"一带一路"国家平均满意度为77.36,满意水平提升,其中新加坡、马尔代夫、土耳其游客满意度较高(图6-5)。此外,中国游客对新加坡的满意度居亚洲首位,对马尔代夫满意度居亚洲第四位,对土耳其满意度居欧洲第八位。"一带一路"国家旅游设施游客平均评价为3.736,高于世界游客平均水平3.615,综合评价超过4.0的国家有14个,超过世界平均水平的有42个,评价最高的国家为塞尔维亚(图6-5)。

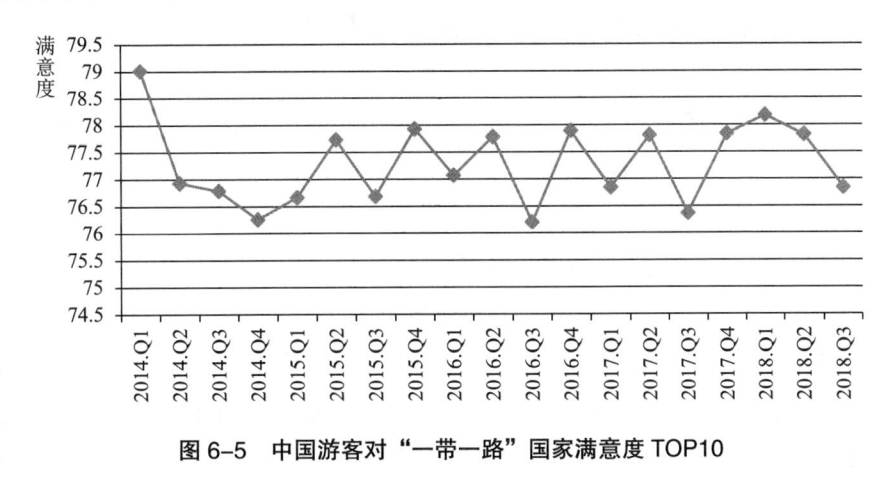

图6-5 中国游客对"一带一路"国家满意度TOP10

二、2018年旅游服务质量的新诉求

(一)美好生活引发对优质旅游的更多期待

人民对美好生活向往决定了对旅游服务品质有了更高的期待,这种需求客观上需要发展优质旅游来实现。中国旅游研究院院长戴斌指出,大众旅游时代的星空是服务品质,是广大游客在深度体验城市过程中的日常获得感。从游客的行前搜索和游后评论可以看出,除了签证、免税、气候与景点等基本信息外,游客更愿意融入目的地的公共休闲空间和日常生活场景中去。他们既要浏览异

国他乡的秀美山川和波澜壮阔的历史画卷，也要不分时间和地点自然地融入当地城乡居民的公共空间和日常生活，而这种融入体验需要依赖优质旅游的发展来实现。发展优质旅游是更加安全地旅游、更加文明地旅游、更加便利地旅游、更加快乐地旅游，是从"有没有"转向"好不好"。优质旅游发展战略的提出符合人民群众对美好生活的向往，人们对旅游产品的需求正在从"有没有"到"好不好"转变，而好不好的关键在于服务的品质。发展优质旅游是广大游客对品质的诉求、对服务的追求。

（二）文旅融合趋势激发文化底蕴新需求

2018年文化部和国家旅游局合并成立文化和旅游部，以文促旅，以旅兴文成为时代趋势，随着文旅融合的深度发展，游客的文化娱乐消费不断增加，对旅途中的文化感知有了更高需求。旅游者达到某一目的地，完成地标观光后，很多人会参与彰显市民休闲、生活品位和城市文化内涵的深度游，特别是参观当地的博物馆、美术馆，观看演艺、节庆等公众文化活动。"生活不只是眼前的苟且，还有诗和远方的田野"是年青一代的城市白领对远方风景和美好生活的无限向往与现实呐喊。异国文化的感染对于青年群体的认识自我、激发灵感、增进情感等需求大有助益。同时，世界各国的风土人情、人文历史等也是亲子教育的绝佳素材。文化是人们日常生活中不可或缺的组成部分，文化底蕴成为优质旅游的必备品质。

（三）旅游碎片化趋势催生一站式服务需求

随着国内外旅游产品供给的丰富多样，旅游资源碎片化、分散化日益突出。一方面，旅游资源过于分散，旅游目的地背后为多个资源控制方，给游客的信息整合和行程安排带来困难，影响出游体验；另一方面，随着游客住宿、餐饮、休闲、购物、教育、娱乐等需求深度和广度延伸，游客更加希望有指定的服务方提供基于多种需求的定制方案，以节省搜寻成本并实现效用最大化。碎片化趋势下，游客更加需要高品质的一站式服务，方便游客在有限的时间和精力内，游览更多风景，体验高性价比的吃、住、行、游、购、娱服务。同时，分散化的旅游资源各自为战，管理部门众多最后容易变成无人管理，不利于旅游服务质量的提高。游客需要清晰明确的旅游管理部门提供一站式的咨询、向导、投诉受理等服务。

（四）出游体验提升依赖预订支付和网评持续优化

如今，越来越多人享受自由随性的旅行，"出发前预订""到了现场才购票"等消费前临时预订不断增加，边走边订已经成为普遍和流行的消费方式，游客对支付手段和预订服务有了更高需求，游客期待高品质、便捷多元、同时支持"边走边订"的即时消费决策的产品服务。同时，丰富多样的旅游产品供给和庞大的信息量，也给游客选择带来了一定困难，马蜂窝《2017年全球自由行报告》中显示，2017年的境内游客平均要浏览8家酒店才能做出最终选择，出境游时更需提前一个月规划，浏览高达20家。游客的行程选择会参考攻略、游记、网络评论等信息，因此旅游产品相关介绍及点评的真实性、完整性和多样性有了更高需求。

三、政策建议

随着大众旅游时代的到来，游客的出游动机、组织方式、消费内容与消费模式发生了根本性变化。人们在旅程中不仅要看不一样的美丽风景，还要分享高品质的生活方式。中国国民的日常消费需求正在从基本生活消费走向发展性消费，推动品质化、个性化、休闲化、便捷性和文化性消费需求稳步攀升。单独的核心旅游吸引物已经无法满足游客的体验需求，人们对美好生活的向往依赖于旅游服务品质的不断提升，这需要借力全域旅游，全面推动旅游目的地建设，促进各地区综合实力的整体提升。

（一）深化全域旅游发展提升旅游服务品质

基于人民对美好生活的向往和优质旅游的期待，全域旅游发展势在必行。当下，全域旅游正在成为拉动旅游业发展和实现旅游产业供给侧结构性改革的重要抓手。通过推进全域旅游发展，促进旅游目的地建设从追求美丽风景向追求美好生活转变，从单一的景区、酒店等投资建设向全面提升城乡发展环境转变，不断完善城乡基础设施、公共服务和日常生活环境，打造生活宜居、包容开放的城乡环境，不仅服务本地居民，也服务游客感知、体验目的地生活，创造市民与游客共享的生活空间。全域旅游建设要以更高站位、更加综合的管理体系协调各涉旅部门的服务，破除行业间藩篱，实现各部门、各产业间要素资源的流通以及信息、产品、业务间的合作，从而提前预判并及时响应游客在目的地旅游中的需求，全面提升出游品质。

（二）加强产业互动与融合提升旅游知名度和好感度

为了满足人们对文化旅游的更高需求，大力推进"旅游+""文化+"，通过旅游与文化、教育、金融、商务、交通等产业的互动与融合，可促进旅游目的地文化底蕴的挖掘与推广，有效提升旅游目的地的知名度和好感度，进而提升旅游服务质量。推进旅游与其他产业的融合、组合，有利于旅游市场不断衍生新产品、新业态、新供给。文化方面，科学利用传统村落、文物遗迹及博物馆、纪念馆、美术馆、艺术馆、世界文化遗产展示馆、非物质文化遗产展示馆等文化场所开展文化、文物旅游，推动剧场、演艺、游乐、动漫等产业与旅游业融合开展文化体验旅游。教育方面，采购更多研学旅行基地资源，自主设计研学旅行课程，开发更多研学旅行品类，不断丰富和完善产品体系；提高亲子游质量，辅助家长将对孩子的教育由家庭到社会、由校园到户外的场景延伸。

（三）加强旅游资源整合提高综合服务能力

为了满足游客一站式服务需求，提高目的地综合服务能力，应加大旅游资源整合深度和力度。打破旅游资源各唱各调的局面，加强连线、连片规划，努力促成旅游资源规模效应，提升整体竞争力。基于游客出游的场景，针对游客从计划、预订、出行到结束每一个环节的行为及偏好，整合各个体验环节所需要的产品、服务、价格等信息，注重各个环节服务的衔接性，兼顾服务范围和细节质量，完善一站式服务。完善旅游管理制度体系，明确旅游管理相关部门职责和分工，重点排查交叉管理和管理缺口区域，建立健全旅游综合监管和服务体系，改善游客出行体验。

（四）依托科技进步推进旅游创新和产业革命

日新月异的科技进步对旅游业的影响决不仅仅是产品层面，而是可能重构新时代的产业环境和旅游市场主体的创新战略，大数据、虚拟技术、物联网等技术应用可以带动新时代文化和旅游领域的产业革命。互联网、物联网、大数据的发展，通过持续的技术迭代创新支付和预订模式，优化旅游网络评论环境，促进更多高科技、高附加值的文化和旅游产品涌现。AR/VR/MR等虚拟技术的迅速普及，正在改变旅游营销和消费模式，通过VR游客体验、互动娱乐、遗迹还原、游戏开发等一系列智慧营销举措，冲击游客感官，全力助推文化旅游市场由传统观光向深度体验的转变。通过引用物联网技术，以全新的方式将智能设备、系统、处理器以及游客进行整合，在飞机、宾馆、景区、游览车、租车之间形成串流，帮助市场为游客提供更私人化的服务，从而增强游客的旅游体验。

第七章
港澳台旅游发展现状与展望

在"一带一路"倡议、粤港澳大湾区建设上升为国家战略等政策环境下，内地与港澳旅游发展进一步走向融合。伴随着大陆对台相关政策的落实，继续向台释放善意，两岸旅游交往与合作得以进一步深化。

一、港澳台旅游发展现状及趋势

2018年港澳台的旅游业发展整体向好。从2018年前9月的数据来看，香港旅游业延续上年的触底反弹态势，出现较大幅度的增长（+9.5%）；澳门旅游业继续保持增长，且2018年增速有所提高（+8.3%）；台湾旅游业在经历两年的负增长后恢复增长（前8个月的数据显示+3.8%）。

整体来看，内地与港澳、大陆与台湾的旅游交往更加密切。内地（大陆）赴港澳台旅游市场继续扩大，在大陆赴台湾旅游市场重拾增长之余，澳门赴内地旅游市场保持稳定增长，但香港赴内地旅游形势较不乐观，出现2%的下跌，如果按照2017年四季度的形势推算，2018年的情况可能同样不容乐观。

（一）香港旅游发展现状及与内地的交流状况

1. 伴随内地赴港旅游增速加快，入境旅游出现较大幅度增长

2018年1~9月，香港共接待入境游客4668.2万人次，同比增长9.5%。其中，内地游客3663.1万人次，占入港游客总数的78.5%，同比增长达12.7%。中国台湾、韩国和日本是除内地外最大的客源市场，赴港游客分别为144.0万人次、104.4万人次和92.9万人次（图7-1）。但除日本访客人数小幅增长（2.4%）外，中国台湾和韩国游客人数均出现超过4个点的下跌。对长途市场而言，美国、英国和澳大利亚的入港游客分别为92.7万人次、41.4万人次和41.4万人次，分别增长了 5.9%、4.3% 和 1.5%。香港入境过夜游客为 2125.4 万人次,同比增长 5%。来自内地的过夜人数为 1458.3 万人次,占入境过夜市场的 68.6%,同比增长达 7.7%。内地持续作为香港入境旅游的基础市场,伴随着珠港澳大桥的正式通车,以及粤港澳大湾区城市群的建设,区域经济、社会、文化发展的一体化水平进一步推进,香港入境旅游将延续 2017 年重新开启的增长趋势。

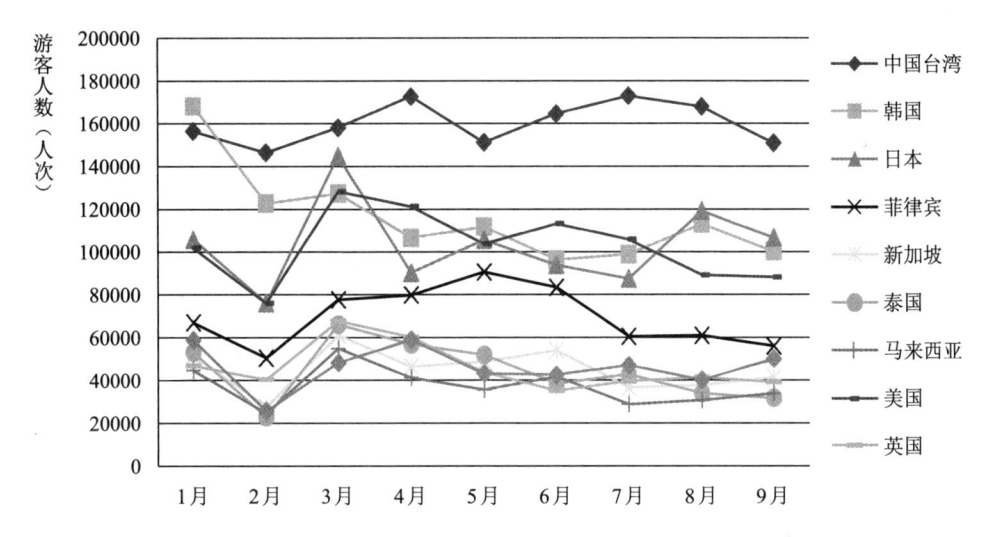

图 7-1　2018 年 1~9 月香港前十大客源市场访客人数(除内地市场)

数据来源:香港旅游发展局

2. 香港赴内地市场延续下滑态势

2018 年 1~9 月,香港赴内地旅游总人数为 5205.8 万人次,同比下降近 2%,其中 1 月和 4 月下降幅度较大,分别下降 7.5% 和 10.3%(图 7-2)。可以预计 2018 年香港赴内地旅游市场将继续延续 2017 年开始的下滑态势。除了受日、韩等目的地竞争影响之外,这一持续下滑也在一定程度上意味着香港赴内地市场进入饱和发展阶段。与内地赴港广阔的潜在市场不同,香港旅游市场规模有限,作为内地成熟的客源市场,缺乏大规模增长的空间,在短期内可能继续伴随波动甚至下滑的情况。

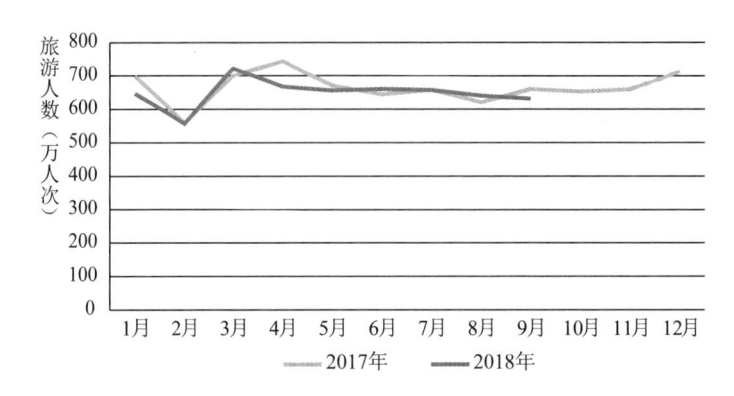

图 7-2　2017 年及 2018 年 1~9 月香港赴内地旅游人数

数据来源：文化和旅游部数据中心

3. 酒店供应量与入住率持续上升

截至 2018 年 9 月底，香港共有 287 家酒店，拥有 8 万多间客房，较 2017 年年底新增酒店 10 家，新增客房 1661 间。预计到 2018 年年底，酒店数量将达到 300 家左右，客房数量超过 8.3 万间。2018 年前三季度，甲级高价酒店平均入住率为 88%，比上年增长了 3 个百分点；乙级高价酒店平均入住率 91%，相比上年增长了 1 个百分点。

4. 过境邮轮市场出现较大下滑，内地市场增幅出现回落

2018 年 1~9 月，香港接待邮轮旅客总量为 128 万人次，同比增长 4.5%。这一增长与 2017 年同期相比出现回落，且主要得益于其他邮轮乘客（无目的地）较大幅度的增长（总人数为 63 万人次，同比增长 9.4%），也即香港居民的邮轮出游增多。香港登船或下船的邮轮乘客（有指定行程）出现小幅增长，乘客人数为 50.8 万人次，较上年同期增长 2.7%。相比之下，过境邮轮乘客（乘坐同一邮轮进出香港）人数有较大下滑，乘客人数为 14.5 万人次，同比下降达 8.1%。这种下滑主要由于东南亚及南亚、澳新及南太平洋市场的过境邮轮乘客大幅减少，其中东南亚及南亚市场下降幅度达 86.7%。从各市场所占份额来看，中国香港和内地居民依然是香港邮轮市场的主力军，占市场总量超过 80%。伴随过境邮轮乘客的大幅减少，香港居民乘邮轮出游人数大幅增长（+10.1%），占市场总量的比重超过 55%。2018 年前三季度中国内地在香港过境和乘坐邮轮出游的人数增长2.4%，与2017年同期的20.1%相比有较大幅度回落。

5. 北亚等短途会奖业市场出现高速增长

2018年上半年香港会奖业继续维持上年的增长趋势，共接待访港过夜商务会奖游客89.9万人次，增长4.8%。其中，长途市场增长3.5%，澳大利亚、新西兰市场增速超过10%；短途市场增长迅猛，增速高达20.9%，这主要得益于上半年中国香港与日本、韩国等北亚地区的会奖交往更加密切。内地市场出现下滑，下降3.5个百分点。

（二）澳门旅游发展的现状及与内地的交流情况

1. 内地赴澳门入境旅游市场高速增长，带动澳门入境旅游持续增长

根据澳门旅游局公布的数据，2018年1~9月，澳门的入境游客为2581.3万人次，相比上年增长8.3%。其中，过夜游客为1361.3万人次，占总人数的52.7%，从市场市场结构来看，内地、香港和台湾是澳门入境旅游的前三大客源市场。其中，内地市场持续作为澳门入境旅游的首要客源市场，占比超过70%。不仅如此，与2017年同期相比，2018年澳门入境游客的较高增速很大程度上都是由内地市场贡献的，1~9月内地市场增长13.3%。相比之下，中国香港、韩国、日本、菲律宾、泰国、印度等市场均出现不同程度的下滑。但美国和马来西亚市场出现了超过5%的增长（图7-3）。

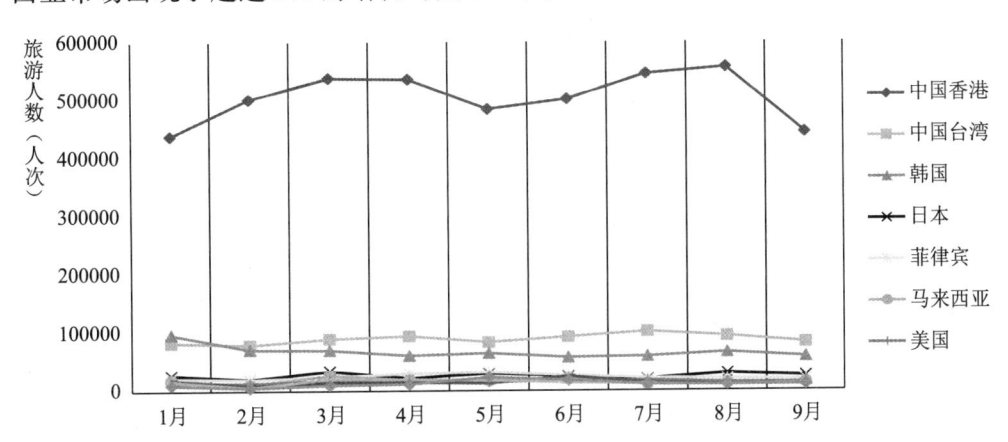

图7-3 2018年1~9月除内地外澳门前十大客源市场访客人数

资料来源：澳门旅游局

2. 澳门赴内地旅游市场增速相对放缓，但内地依然是澳门最大的出境旅游目的地

2018年1~9月，澳门赴内地旅游的总数达到1855.6万人次，同比增长1.7%，与上年同期相比增速有所放缓。其中1月、3月及12月是澳门游客赴内地旅游人数最多的月份（见图7-4）。2017年澳门赴内地旅游人数增速最高的1月、4月和5月在2018年出现负增长，使澳门赴内地旅游市场增速放缓。澳门赴内地旅游市场增速放缓与澳门出境旅游市场增速放缓直接相关。2018年1~9月，澳门出境旅游2091.1万人次，增速从2017年同期的4.2%降低至1.9%。虽然澳门赴内地旅游市场增速出现放缓，但内地依然是澳门最大的出境旅游目的地，澳门赴内地旅游人数占总出境人数的88.7%。

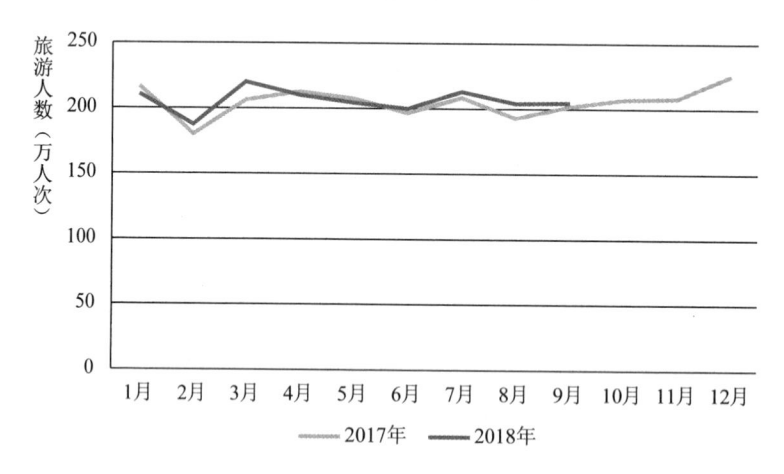

图7-4 2017年及2018年1~9月澳门赴内地旅游人数

数据来源：文化和旅游部数据中心

3. 住宿需求旺盛，酒店客房数及入住率继续上升

2018年1~9月，澳门共有116家酒店，拥有客房总数3.88万间，与2016年相比增加5.5%。酒店平均入住率为90.3%，与2017年同期相比提高了3.9个百分点。酒店客房数量继续增加的同时，客房入住率也进一步提高，一定程度上表明赴澳门游客住宿需求规模继续扩大。但在有限的空间内，住宿设施无法无限制地增加。随着Airbnb等共享住宿的介入，通过盘活已有的潜在住宿设施和空间，或将成为满足游客住宿需求的重要途径之一。

4. 会展活动效率或将提升

2018年第一和第二季度，澳门举办各类会议和展览活动327场，与上一年同期相比减少6场。但参会人数相对增加，为41.1万人次，同比增长1.7%。平均会期/展期为1.5天，比上一年减少0.1天。在会议会展场次及会期/展期减少的情况下，参会人数却有所增加，受众增加在一定程度上表明会议展览活动举办的效率有所提升。

（三）台湾旅游发展现状及与内地的交流状况

1. 大陆赴台旅游市场反弹，推动台湾入境旅游重拾增长

2018年1~8月，台湾入境旅游市场重新增长。其间，台湾共接待入境游客712.6万人次，同比增长3.8%。其中，大陆持续作为台湾入境旅游的第一大客源市场，占台湾入境旅游市场的比重超过四成。大陆赴台旅游人数为179.6万人次，较上年同期大幅下滑不同，增长2.49%。同期日本赴台122.1万人次，较上年同期增长2.3%。日本市场占台湾入境旅游市场的17.1%，是第二大客源市场。除澳大利亚和新西兰两国赴台旅游人数出现较大增长（8.2%）外，其他主要客源地，如美国、新加坡等游客到访规模基本与上年同期持平，但中国港澳地区、韩国这两个位列台湾第三和第四的客源市场均出现不同程度的下跌，在上年同期经历过超过两位数字的高速增长之后出现回归（图7-5）。

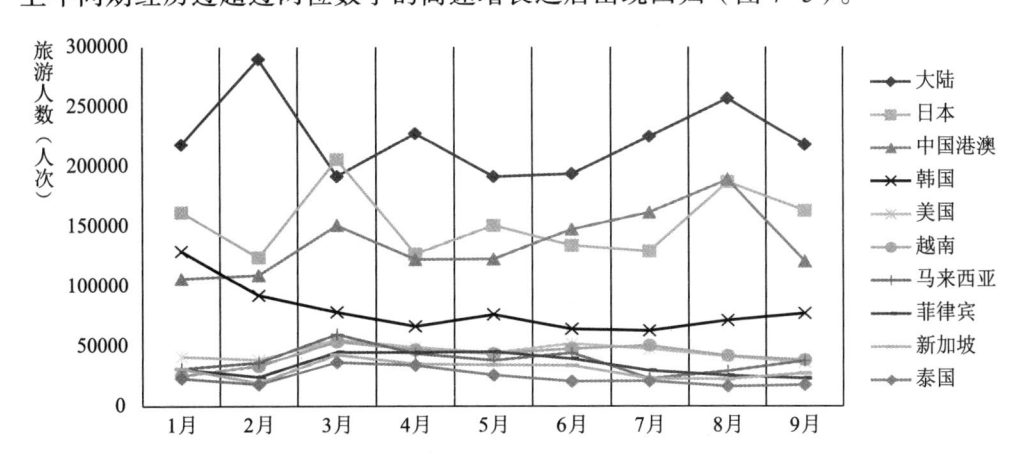

图7-5 2018年1~9月台湾前十大客源市场访客人数

数据来源：台湾观光局

2. 台湾赴大陆旅游市场增长态势明显

2018年1~9月，台湾赴大陆旅游人数为459.1万人次，较上年同期增长4.8%。从台湾赴大陆旅游的月度数据来看（图7-6），除了2月份出现较大幅度下滑外，其他月份均呈增长态势。根据台湾方面的居民出境旅游统计，2018年1~9月首站选择赴大陆旅游的台湾居民共314.7万人次，相比上年同期增长7.3%，占整个台湾出境旅游市场的26.6%，大陆是仅次于日本的第二大旅游目的地。

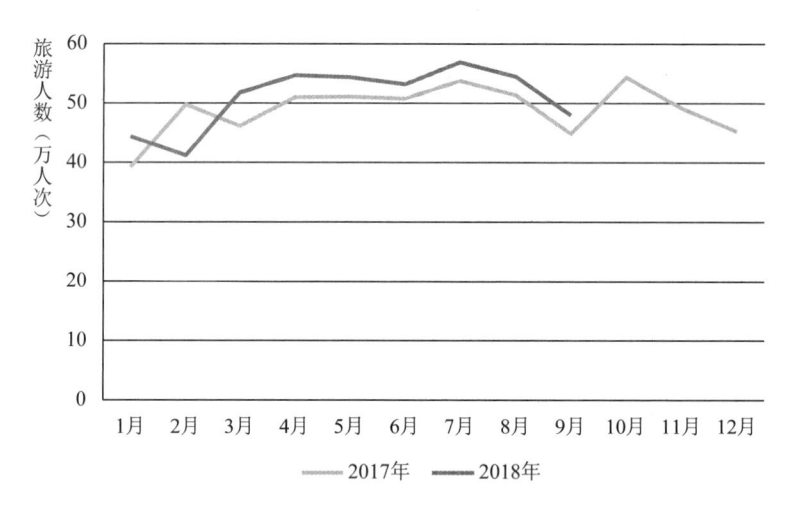

图7-6　2017年及2018年1~9月澳门赴内地旅游人数

数据来源：文化和旅游部数据中心

3. 台湾旅游行业供给规模扩大

2018年1~9月，台湾共有旅行社3063家（不含分公司），相比上年同期增加63家。其中，综合旅行社136家（+3）、甲种旅行社2661家（+50）、乙种旅行社266家（+10）。截至2018年10月，台湾全岛导游与领队人数分别为4.4万人和7.2万人，比上年同期分别增加1785人和3404人。在旅行社企业及服务人员增加的同时，台湾住宿设施供给同样有所增加。截至2018年9月，台湾合法旅馆共计3328家，增加82家，客房数为16.2万间，增加6121间；合法民宿共8302家，增加670家，民宿客房数近3.1万间，增加3355间。

二、内地与港澳、大陆与台湾旅游交往的机遇

（一）粤港澳大湾区内的互联互通将进一步推进内地与港澳的旅游交往及产业合作

日益完善的交通网络为粤港澳大湾区区域旅行提供了极大的便利。粤港澳大湾区的轨道交通网络已经基本形成，伴随 2018 年 10 月底港珠澳大桥的正式通车，以及未来即将建成的虎门二桥、中深通道等，连接深港、广佛和珠澳核心城市的快速路网也将形成。值得一提的是，港珠澳大桥的正式通车使大湾区真正迈上快车道。珠港澳大桥通车后，珠海、澳门同香港间的车程由原来的 3 小时缩短至 30 分钟。往来三地的通宵巴士及逐步便利化的自驾及通关手续将进一步方便游客的互访。

借助湾区内将形成的"黄金三小时旅游圈"，游客需求也将推动粤港澳大湾区域内的旅游产业融合发展。在内地游客越来越注重品质生活的今天，互联互通给游客在区域内获得优势资源提供了便利。比如，游客可以在澳门参加节事活动，转而去香港品尝美食，碰到港澳地区客房爆满或者为避开昂贵的房价，游客可以选择到内地住宿，而游客的这种要素组合将进一步促进粤港澳的旅游产业融合发展。另外，从旅游吸引物的匹配上来看，香港旅游体验以时尚、购物、美食、夜生活等现代国际都市生活为主题，澳门则以休闲娱乐为主要特色，而大湾区的滨海、水网湿地等自然生态资源则可对其形成有益的补充，丰富游客的旅游体验。

（二）"一带一路"发展战略为港澳营造良好的国际旅游发展环境

2015 年，国家颁布的《推动共建丝绸之路经济带和 21 世纪海上丝绸之路的愿景与行动》，明确了要加强沿线旅游交往。2017 年在北京举行的"一带一路"国际合作高峰论坛上，习近平总书记也提出要"联合打造具有丝绸之路特色的旅游产品和遗产保护"，通过旅游年等活动的举办促进沿线各国/地区间的"民心相同"。近来相关的"一带一路"活动的成功举办及内地中央政府推行这一战略的决心，为同属于"一带一路"沿线的港澳地区旅游发展营造了积极友善的

国际环境，港澳在一定程度上成为连接内地与世界的中转站和体验地。在"一带一路"的倡议下，港澳基于此积极与沿线国家进行经贸、旅游合作。例如，商务部连续6年与香港贸发局组织内地和香港企业赴"一带一路"沿线国家举办投资贸易洽谈，这一平台有助于推动香港和内地旅游企业"走出去"，同时输出旅游管理、规划设计等方面的专业人才。

（三）大陆继续向台湾释放善意，改善两岸旅游交往的宏观政治环境

2018年3月，国台办、国家发改委等29个部门发布《关于促进两岸经济文化交流合作的若干措施》。该措施公布了31项具体措施，旨在积极促进在投资和经济合作领域加快给予台资企业与大陆企业同等待遇，逐步为台湾同胞在大陆学习、创业、就业、生活提供与大陆同胞同等的待遇。无论是对台资企业还是台湾同胞在大陆的同等待遇都将进一步促进两岸之间的经贸和人员往来，深化彼此之间的认知和理解，为两岸旅游交往提供善意友好的交往环境，进一步促进两岸旅游交往和合作。

三、内地与港澳、大陆与台湾旅游交往面临的挑战及建议

（一）香港赴内地旅游连年出现下滑，进一步探索促进香港居民赴内地旅游的解决之道

受"蝗虫歌""占中"等事件的影响，内地和香港居民之间的矛盾冲突最终促使2015年和2016年内地赴港旅游市场出现大幅下滑，但2017年及2018年已有的数据均表明，内地赴港旅游市场已出现持续反弹，且2018年的反弹迹象更加明显。与此相反的是，从2017年开始，香港赴内地旅游市场开始出现下滑，2017年全年下降近2个百分点，而2018年前9个月的数据就已经呈现出近2个百分点的下滑，超出上年同期的下降水平。如果2018年四季度继续延续2017年同期的下降趋势，香港赴内地旅游市场形势或将出现更大跌幅。香港市

场占内地入境旅游市场的比重超过55%，香港市场的低迷将直接影响内地整个入境旅游市场的持续增长。

内地赴港旅游市场之所以能很快恢复很大程度上在于内地市场的广阔性，尤其是没有出境旅游经验的三四线城市居民很乐意选择香港作为出境目的地，这为香港提供了广阔的潜在市场空间。但反过来看，除了内地与香港之间频繁地经贸往来带动的旅游交往外，香港旅游市场从规模上来看，扩展的空间有限。未来借助港珠澳大桥及广深港高速铁路带来的互联互通，将进一步提升香港居民赴内地旅游的便利度，将在一定程度上促进内地赴港旅游。但也要在内地旅游宣传推广与服务品质提升上下功夫，让香港游客认识到即使去过多次的长三角、桂林山水等目的地依然有新内容、新玩法，以及到访尚未涉及的中西部目的地。

（二）伴随内地赴澳门旅游市场的不断增长，澳门旅游发展及规划需考虑承载力问题

2017年澳门入境旅游突破3200万人次，2018年1~9月份入境旅游也保持较高速增长。随着入境旅客不断增多，澳门旅游承载力将成为关注焦点。目前澳门方面已经开始正视这一问题，并计划采取相应措施。如利用节事活动等创新旅游元素，对传统较拥挤线路进行分流；采用新技术，发展智慧旅游，向游客实时提供多区各时段人流情况，便于游客自主避开拥挤区域，达到分流目的。除了向空间要资源外，澳门也可以向时间要承载力，发展夜间旅游，可继续挖掘澳门光影节等夜间节事互动，打磨澳门夜间旅游品牌。

在内地旅游已由过去的景点观光模式转向全域旅游模式，尤其是散客出游占主导的当今，游客更有兴趣走街串巷去看一些日常的生活场景。响应这一旅游需求趋势，应进一步挖掘独具澳门文化特色和生活品位的景区景点，秉承"景观之上是生活的理念"，打造主客共享的高品质目的地生活空间，使内地游客得以自然而言地融入到当地居民的日常生活当中。

（三）继续释放善意，巩固两岸的旅游交往成果

鉴于内地持续释放的善意、大陆旅游业的持续升级、服务品质提升、居民友好等因素，台湾赴大陆旅游市场近几年来呈持续稳步增长态势。而受台湾地

区政治生态影响及旅游大巴着火等安全事件影响，大陆赴台湾旅游在2016年和2017年出现大幅下跌，但根据2018年前9个月的数据，大陆赴台旅游重拾增长，虽然增幅不大，但2018年全年有望实现正增长，继而稳固大陆赴台旅游市场。在大陆积极推进文化和旅游融合的当下，台湾因与大陆文化一脉相连，深受很多大陆游客喜爱，去台湾旅游除了满足情怀之外，越来越多的游客也想去台湾体验中华文明，感受相似但有台湾特色的中华文化。中华文化自古包含着和平共处的基因，台湾同胞也是如此，骨子里带有爱好和平、热情好客的基因。未来在政治互信方面，台湾方面还需向大陆游客释放善意，并加强旅游安全的管理，促进大陆赴台湾旅游市场的增长，助力大陆和台湾经济与文化交往的深化。

第八章

世界旅游发展态势与国际旅游合作

2018年在世界经济动能趋缓、分化加剧、不稳定因素增多的背景下，全球旅游业再一次实现显著增长，中国为世界旅游发展贡献了强大的新动能。不仅如此，中国在区域战略、国家间合作、企业合作等多个层面成为先行者，引领世界旅游新格局，推动世界旅游加速发展。

一、全球旅游业稳中有升，中国引领世界旅游新格局

（一）2018年世界旅游业实现九连增

1. 市场增幅超过年初预期，增长步伐持续迈进

据UNWTO统计，2018年上半年，全球旅游市场持续增长。2018年1~6月世界入境过夜游客总人数达到6.41亿人次，较2017年同期高出3700万人次，同比增长6%，延续了2017年强势的增长趋势（7%），预期将高于年初预测的4%~5%增长（图8-1）。2018年从一季度到二季度，世界入境过夜游客稳步提升，预计下半年仍有亮眼表现（图8-2）。事实上自2010年以来，全球过夜游客人数将在2018年实现第九年连续显著增长，且其间每年增长率均超过4%。

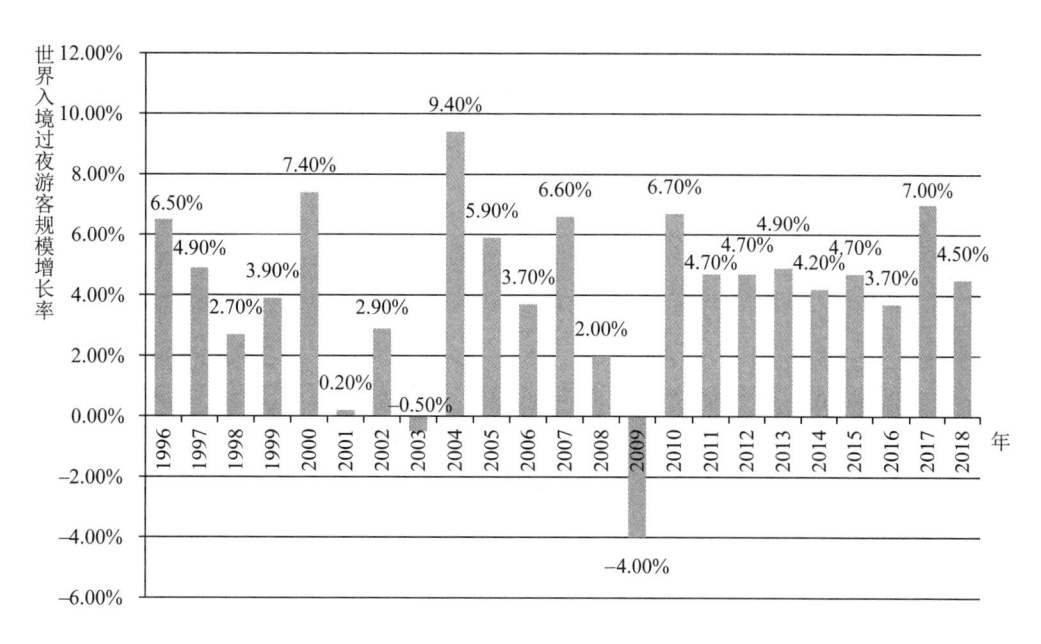

第八章　世界旅游发展态势与国际旅游合作
Chapter 8 World Tourism Development Trends and International Tourism Cooperation

图 8-1　近年世界入境过夜游客规模增长比较

资料来源：世界旅游组织晴雨表 2018 年 10 月；2018 年数据为预测值

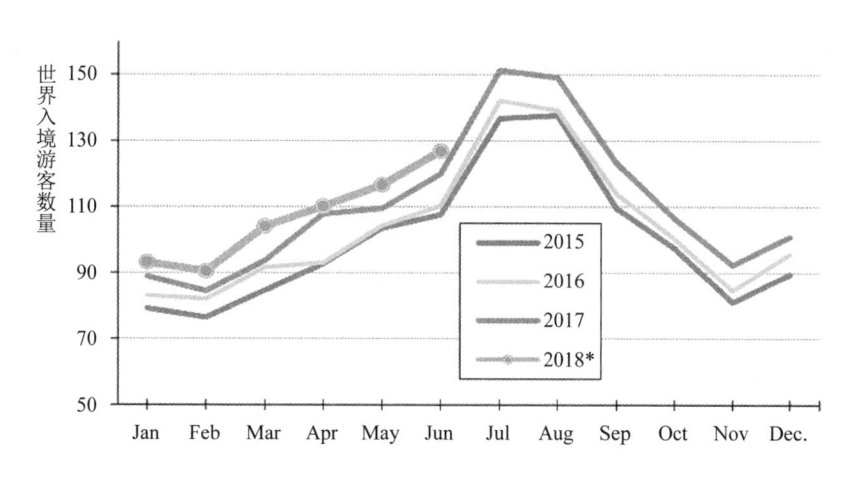

图 8-2　2015 年 1 月～2018 年 6 月世界入境游客数量情况

资料来源：世界旅游组织晴雨表 2018 年 10 月

在接受世界旅游组织调研的 220 个国家中，共有 138 个国家向世界旅游组织提交了 3 个月以上的 2018 年入境游客数据，其中 80% 的国家中出现了入境游客的增

99

长。从区域来看，2018年世界各地区均实现了国际入境游客人数的增长，领军者为亚太地区和欧洲，增长率均超过7%。紧随其后的是中东，增长率为5%。非洲和美洲的增长则分别达到4%和3%。从2015年以来的旅游接待量来看，亚太地区保持了至少5%的年增长率，增速快且增长最为稳定，已成为世界旅游增长的新极点。欧洲和美洲作为老牌的旅游目的地也保持了连续的正增长，但2016年两地区入境旅游客流出现增速放缓的现象，且美洲的旅游接待人数在2018年增速仅达到3.3%，市场容量较大而增速较缓。非洲虽在2015年出现负增长，但2016~2017年两年的增长率分别为7.8%和8.6%，均处于各地区榜首，2018年仍保持了4%的增长，是新兴的热门旅游目的地。中东在2016年的负增长后，旅游市场复苏，2018年的入境游客增长与上年持平，保持了4.6%的增长速度（表8-1）。

表8-1 2018世界各地区国际旅游接待量增长速度

地区	2015年	2016年	2017年	2018年1~6月
全球	4.6%	3.8%	7.0%	6.1%
欧洲	4.7%	2.4%	8.4%	6.8%
亚太地区	5.4%	7.7%	5.6%	7.4%
美洲	5.9%	3.7%	4.8%	3.3%
非洲	−2.9%	7.8%	8.6%	4.0%
中东	2.0%	−4.4%	4.6%	4.6%

资料来源：世界旅游组织晴雨表2018年10月

从具体地区来看，欧洲增速下降主要由于北欧地区旅游人数增长较小，2018年增速仅为0.9%。2017年南欧与地中海地带出现高达12.8%的大幅增长后，2018年增速仍达到8.7%，该地区的意大利、梵蒂冈、西班牙、希腊等国家作为久负盛名的旅游目的地，近年来增长尤为突出。亚太地区除大洋洲之外，全地区的旅游市场均表现出强势扩张之势。东南亚已连续两年领涨，增速分别达到8.6%和9.4%；南亚和东北亚地区2018年入境旅游人数增长率较2017年均有提高，增速分别达到7.2%和6.4%。大洋洲虽增速有所放缓，由2017年的6%下降到2018年的3.7%，但仍保持了正增长。美洲在2018年增速放缓主要是因为两个地区出现了负增长，一方面加勒比地区旅游市场大幅萎缩，旅游人数大幅减少，降幅达到 -9.4%，主要原因是飓风"厄玛"和"玛利亚"破坏了基础设施和自然景点；另一方面中美洲地区的入境旅游人数增速由正转负，从 4.7% 下降到 -0.4%。北美则维持 4%~5% 左右的稳定增速。南美旅游市场发展最好，两年增速分别为 8.3% 和 7.4%。非洲地区与 2017 年相比，北非和撒哈拉以南地区增速均出现腰斩，北非于 2017 年表现出 14.9% 的跳跃式增长后，2018 年增速下降为 6.9%，增速仍处于世界前列。撒哈拉以南地区增速则由 2017 年的 5.5% 下降到 2018 年的 2.7%，增长势头明显放缓（图 8-3）。

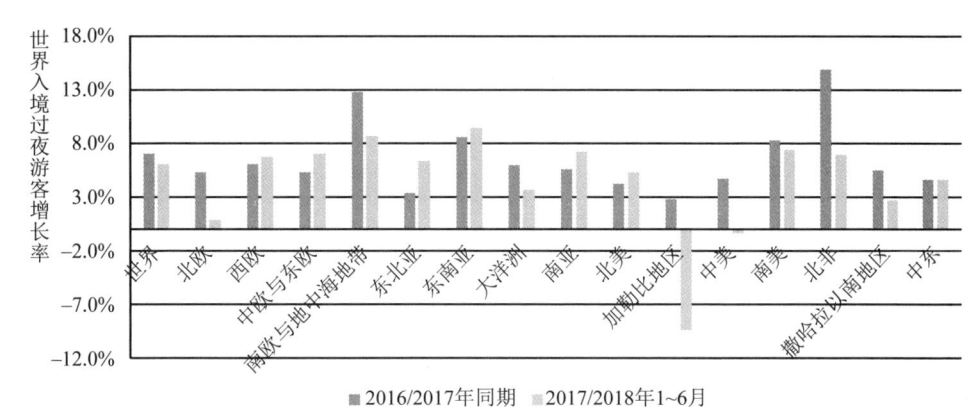

图 8-3　2015 年 1 月 ~2018 年 6 月世界入境游客数量情况

资料来源：世界旅游组织晴雨表 2018 年 10 月

综上所述，预计 2018 年世界入境过夜游客总人数同比增长超过年初预测值 4%~5%，全球各区域将在 2018 年均实现正增长，欧洲和亚太地区将成为引领全球旅游增长的主要区域。

2. 中国已成为世界旅游市场最重要的客源市场和目的地之一

以中国为代表的新兴市场国家为世界旅游发展做出了突出贡献。随着新兴市场国家购买力不断增长，航空交通更加频繁，不同价位的旅游线路日渐丰富，旅游签证政策愈发便利，亚太地区的旅游市场蓬勃发展，不仅作为输出旅游客流的重要客源市场，也成为接受游客到访的重要目的地。

中国为世界旅游市场提供了稳定增长的客流。根据世界旅游组织报告，2017 年全年亚太地区实现的 6% 旅游人数增长，主要归功于稳定而有力的区域内旅游需求,尤其是来自中国、韩国和澳大利亚的旅游需求,其中中国为旅游市场的发展贡献最为突出。自 2012 年起,中国一直是全球最大的出境旅游消费国(图 8-4)。

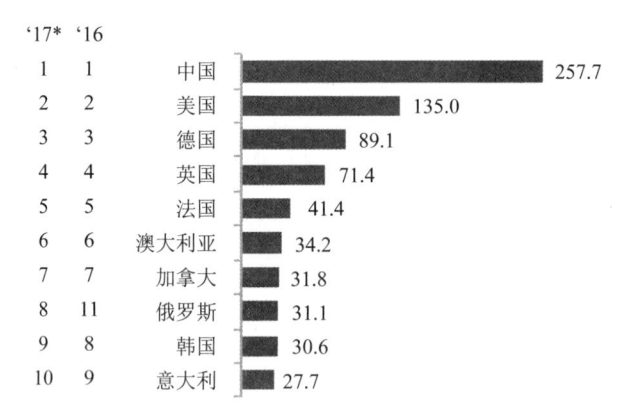

'17*	'16	国家	消费
1	1	中国	257.7
2	2	美国	135.0
3	3	德国	89.1
4	4	英国	71.4
5	5	法国	41.4
6	6	澳大利亚	34.2
7	7	加拿大	31.8
8	11	俄罗斯	31.1
9	8	韩国	30.6
10	9	意大利	27.7

图 8-4　2016 年和 2017 年世界各国出境旅游消费排名(单位:10 亿美元)

资料来源:世界旅游组织旅游亮点,2018 年版

同时,中国是重要的旅游目的地。2017 年,中国共接待国际入境过夜游客 6070 万人次,与 2016 年一样排名世界第 4,仅次于法国、西班牙和美国,增长率达到 2.5%。2017 年中国所接待的国际游客占到亚太地区总入境过夜游客数量的 18.8%,旅游收入占亚太地区国际旅游总收入的 8.4%。世界旅游组织数据显示 2017 年中国入境旅游收入从 444 亿美元下降到 326 亿美元,排名从第 5 位下降到第 12 位,但主要原因是统计口径调整(图 8-5)。

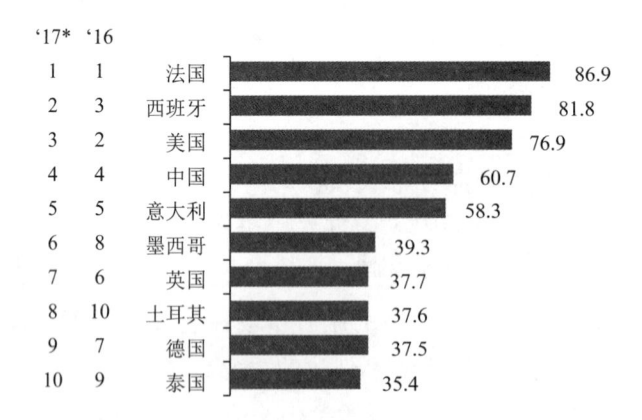

'17*	'16	国家	数量
1	1	法国	86.9
2	3	西班牙	81.8
3	2	美国	76.9
4	4	中国	60.7
5	5	意大利	58.3
6	8	墨西哥	39.3
7	6	英国	37.7
8	10	土耳其	37.6
9	7	德国	37.5
10	9	泰国	35.4

图 8-5　2016 年和 2017 年世界各国入境游客数量排名(单位:百万人)

资料来源:世界旅游组织旅游亮点,2018 年版

中国游客对地区和全球经济的影响越来越大，随着经济增长和收入增加，能够负担旅游消费的人数将持续增长，增长趋势将进一步延续。

（二）2018年旅游业持续为世界经济贡献增长动力

旅游业已成为世界经济的重要支柱产业。各国政府都在关注包容性增长和高质量就业的问题，旅游业已成为吸纳就业的关键领域。世界旅行与旅游理事会（WTTC）发布的《2018全球旅游行业经济影响报告》显示，2017是近十年来GDP增幅最大的年份之一，全球消费开支强劲发展。这一全球发展趋势再一次传导到全年旅行与旅游业中，带来4.6%的行业增长，连续7年跑赢全球经济总增长速度。

1. 旅游业是世界经济发展的动力引擎

2017年，旅行和旅游业对全球经济的贡献达到8.3万亿美元，支撑了3.13亿个就业岗位，相当于全球GDP的10.4%，全球职业总数的9.9%。全球旅游出口规模达到历史最高点，总计1.5万亿美元，占世界服务行业出口的近30%。旅游业已成为增加出口收入和非技术劳动力就业的有效载体。2017年旅行和旅游业的增速不仅超过全球经济增长速度，也是全球所有主要经济行业中的增幅最大者。在其他行业中，除了增幅排名第二的制造业（4.2%），大部分行业（包括金融服务业和建筑业）的增长幅度都低于3.0%。

2. 旅游业是创造就业的重要源泉

据WTTC报告，旅行和旅游是全球创造就业机会的主要行业之一。2017年行业直接雇用人数超过1.18亿人，在全球就业人数中占比3.8%。如果将间接就业考虑在内，全球每10个工作岗位中，就有1个来自旅行和旅游业。旅行和旅游业在全球雇佣市场中的占比已超过汽车制造业和化学制造业的总和，这一情况并非个别国家或地区的特例，而是普遍存在于世界各个地区。2017年旅行和旅游业产生了200多万个净增职位，直接、间接和诱发产生的新岗位数量总计约700万个，约占全球净增岗位数量的18%。在WTTC调查的185个国家中，有109个国家的旅行和旅游就业增长速度超过整体经济增速。在过去的7年中，世界所有净增岗位中，每5个就有1个来自旅行和旅游行业。

3. 旅游城市是推动世界旅游发展的关键节点

世界旅行与旅游理事会（WTTC）报告称，目前世界上有54%的人口居住在城市，到2050年这一数字将增长到68%，旅游城市的崛起之势将持续下去。《2018年城市旅游和旅游业影响报告》中所研究的72个城市直接产生6250亿美元的旅游业GDP，占该组城市总GDP的6.7%，同时占到世界旅游业GDP总数的24%，并提供了12.2%的旅游业就业机会。

中国再次成为旅游城市发展的引领者，有望在接下来的10年中保持城市旅游高速增长。2017全球十大旅游城市分别是：上海（350亿美元）、北京（325亿美元）、巴黎（280亿美元）、奥兰多（248亿美元）、纽约（248亿美元）、东京（217亿美元）、曼谷（213亿美元）、墨西哥（197亿美元）、拉斯维加斯（195亿美元）、深圳（190亿美元）。前10位中，中国占据3位。从旅游业增速来看，2007~2017年间全球旅游增长最快的5个城市中，有4个是中国城市，分别为重庆、上海、广州和成都。在旅游消费方面，中国香港和澳门的国际游客消费达到392亿美元，在全球范围内排名领先，中国澳门以356亿美元位居第二。2017年，澳门旅游业创造的GDP总占比达到14.2%，增速位居全球第二，仅次于埃及开罗。在未来，中国城市旅游的飞速发展将大概率延续下去。

4. "一带一路"五周年成果斐然，中国力量贡献旅游发展新动能

"一带一路"倡议提出5周年以来，为世界旅游乃至经济发展做出突出贡献。"一带一路"沿线区域国际游客总数占全球游客的70%以上，仅中国与丝路沿线国家双向旅游交流规模就超过2500万人次，沿线地带具有大量文化遗存，具有发展旅游的客源市场和资源禀赋。随着共商、共建的逐步推进，物资、人员、信息、金融的流通加强，"一带一路"合作大大促进当地基础设施建设提升，促进区域间文化交流，促进当地旅游业发展，并进一步带动当地的收入和就业。通过旅游业的发展建设，充分发挥旅游在促进扶贫中的积极作用，带动丝路沿线国家民众共享旅游资源，脱贫致富，共同发展。

基于庞大的人口基数和出境旅游的高速增长，中国将为沿线国家输送大规模的游客。文化和旅游部数据中心发布的2018年上半年旅游经济主要数据报告显示，中国公民出境游人数不断增加，2018年上半年出境游人数达到7131万人次，比上年同期的6203万人次增长15%，其中"一带一路"沿线国家是旅游

增长最快的国家群体。随着中国文化影响力向周边辐射，旅游及其他合作不断深入，沿线国家也成为中国入境游的重要客源国。预计"十三五"期间中国将输送游客1.5亿人次，产生超过2000亿美元的消费；将吸引沿线国家游客8500万人次，拉动旅游消费约1100亿美元。

"一带一路"倡议加强了国家间的互联互通，进一步推动了旅游业发展。2018年前9个月，柬埔寨吸引投资项目170个，其中包括13个基础设施和旅游项目，总投资额超过47亿美元，其中六成投资项目来自中国。2017年12月21日，中泰铁路正式动工，预计这条高铁每年的客运量将达到1.1亿人次，大大方便中泰两国的双向旅游联通。2017中哈旅游年成功闭幕，两国合作举办了"中哈旅游论坛"和企业洽谈活动，多省先后依托阿斯塔纳世博会平台，在哈萨克斯坦举办推介会，签署旅游合作协议，推进两国旅游深度交往。为给中国游客创造舒适的旅行条件，哈萨克斯坦推出了"友好中国"计划，2018年1~6月，哈萨克斯坦访华人数达10.96万人次，同比增长12.7%。2018年是中国—东盟建立战略伙伴关系15周年，中国与东盟国家的旅游交流合作不断深化扩展。为方便中国游客，马来西亚向中国游客推出电子签证和免签证项目，柬埔寨政府宣布向中国游客发放3年多次往返签证，老挝、缅甸、文莱等国也简化了中国游客签证申请流程，菲律宾向符合条件的中国公民发放落地签。刚刚结束的2017年中国—东盟旅游年中，中国和东盟双向游客人数由2016年的3000多万人次增至2017年的近5000万人次，再创新高。2019年为中新旅游年，自2017年5月8日起，中国游客个人多次往返新西兰的旅游签证有效期已由目前的3年延长至5年。此外，持中国护照的游客能使用自助通关系统（eGates）来实现快速通关。2019中新旅游年合作的全面展开势必将极大地推动中新两国之间的人文交流和旅游发展。

可见，通过基础设施的互联互通和旅游合作的全面深入，中国将继续携手其他国家，共同推动旅游业发展迈步向前。

二、我国国际旅游合作多层级全面化，辐射带动世界旅游发展

2018年，我国与世界各国旅游合作全面深化，合作范围更加广泛，合作渠道更加丰富。"全域旅游"构建美丽中国，推动我国入境旅游市场加速发展。2018中国—欧盟旅游年成功举办，推动中欧双方游客往来，进一步提高中国游客出境游待遇。主场外交活动加强国家间纽带，使旅游合作成为双方人民沟通理解、经济互惠互利的重要桥梁。在技术层面上，中国已成为旅游移动支付的领军者，庞大的客源市场吸引各国纷纷升级支付方式，引发世界范围内的旅游消费体验革命。

（一）"全域旅游"构筑美好生活愿景，扫榻相迎入境游客

2018年确定为"美丽中国——2018全域旅游年"，宣传口号为"新时代，新旅游，新获得""全域旅游，全新追求"。自2013年以来，全国各地以"美丽中国"整体旅游形象为统领，围绕"丝绸之路旅游年"等主题开展旅游外交和宣传推广活动。"美丽中国——2018全域旅游年"这一主题的确定，是对党的十九大精神的贯彻，是旅游者对美好生活追求的体现，是针对市场需求、丰富旅游产品线路、不断满足国内外旅游者多样化消费需求的抽象概括。

对我国来说，在传统观光资源之外，一个具有生机活力、稳定安全、人民生活幸福的大国形象成为入境旅游的全新看点。良好的国家形象不仅能够促进资本、技术和人力资源等要素的流动，更是为国际游客选择中国作为目的地增加新的砝码。新时代全域旅游将旅游发展与人民的幸福生活结合起来，以人民生活的美好愿景吸引八方来客，使现代的美丽中国共同成为国际游客的心之所向。通过对市场需求进行针对性的调研和分析，中国旅游业进一步完善了商业环境，提高设施水平，改善公共服务，并提高旅游市场活动设计水平，强化品牌建设，用好"美丽中国"整体旅游形象，持续提升中国旅游目的地的国际影响力和吸引力，从而大力提振了入境旅游。

为建立更深层次的国家命运共同体，中国积极扩大对外开放，为入境游客提供便利。以签证政策为例，中国国务院批准，京津冀、江浙沪等地区先后实

施了外国人 144 小时过境免签政策，免签时间进一步延长，大大方便了外国人的来华旅行。随着厕所革命和旅游综合管理体制改革的逐步完成，《"十三五"外国人入境旅游市场发展规划》的逐步落实，入境旅游持续增长的基础进一步夯实。

（二）主场外交活动成为国际旅游合作的绝佳舞台

利用我国推动国际合作的系列主场外交活动，旅游合作不断深化。2018 年主办的上海合作组织峰会和中非合作论坛上，中国积极增进国家间互信，构建更加紧密的命运共同体，其中成员国间旅游合作不断深化，会议推动大量国际旅游合作新举措。

上海合作组织已发展成为世界上人口最多、地域最广、潜力巨大的综合性区域组织，旅游资源富集，多元文化交融。然而，与亚太、欧洲和北美等发达国家间的旅游合作相比，上合组织成员国之间的旅游交流总体上还处于初级阶段，各国旅游市场发育不平衡，旅游资源开发不充分。数据显示，2017 年上合组织成员国到访中国的游客不足 250 万人次，占外国人入境总人数的 8.6%。中国到访上合组织成员国的游客不足 180 万人次，占中国出境外国总人数的 3.4%。从结构上看，上合组织成员国的旅游交往集中在中国和俄罗斯两国之间，在上合组织成员国到访中国的游客中，俄罗斯游客占比超过 50%，中国到访上合组织成员国的游客中，70% 的中国游客首选俄罗斯。为更好地借助旅游业带动经济发展，2017 年举行的上海合作组织成员国元首理事会第十六次会议期间，各方共同签署了《2017~2018 年落实〈上海合作组织成员国旅游合作发展纲要〉联合行动计划》，并于 2018 年 5 月召开首届上合组织成员国旅游部长会议，包括中国在内的 8 个上合组织成员国旅游部代表回顾了近年在旅游领域的合作成果与经验，并讨论完善《2019~2020 年落实〈上海合作组织成员国旅游合作发展纲要〉联合行动计划》。各国着力提升旅游往来便利化，简化签证手续，扩大航线航班，促进旅游企业及相关产业间合作，共同开发推介旅游产品，促进了成员国之间的旅游发展与繁荣。

随着中非合作论坛的筹备和举办，中非两地持续交好，非洲旅游迎来发展黄金期，刺激着中国游客赴非旅游热情不断高涨。截至目前，已经有近 20 个非洲国家对中国游客免签、落地签，如毛里求斯、摩洛哥、突尼斯等对华免签，埃及、坦桑尼亚、津巴布韦等对华开放落地签。中非之间直飞航线也在持续增加。上述因素都极大地便利了中国游客赴非旅游。相应的签证政策红利已体现在数据上：驴妈妈旅游网数据显示，2018年1~8月，驴妈妈平台赴非旅游人数同比上年翻倍。携程数据显示，2018年8月的暑期机票订单更是同比增长4倍，毛里求斯、肯尼亚、摩洛哥、南非、突尼斯都是中国游客青睐的避暑目的地。

（三）中国—欧盟旅游年如火如荼，旅游合作拉近距离

2018年是中欧建立全面战略伙伴关系15周年，举办中国—欧盟旅游年恰逢其时。旅游年为契机，中欧将双方丰富的旅游资源和庞大的旅游市场更紧密地连接在一起，达到了1+1>2的效果，为中欧务实互利合作打造新亮点。不仅如此，旅游是增进中欧民众相互了解与认知的有效载体，对于促进中欧人文交流、夯实民意根基发挥着重要作用。旅游合作不仅是促进经济增长与就业的新动力，更是深化中欧人民友谊与合作的新平台。在中欧关系已达到前所未有的广度和深度的今天，旅游年起到了多方面、宽领域的带动作用，促进中欧之间进一步相互接近、相互理解、相互包容、相互借鉴。

旅游年启动以来，中欧双方举办了100余场形式多样的文化旅游活动。2018年1月19日，中欧旅游年开幕式在意大利威尼斯举行，威尼斯作为欧洲重要的商业和航运中心，也是古代"丝绸之路"上的重镇，开幕式彰显中欧两大古老文明之间跨越时空的交流；2018年的中国春节正值欧洲多国的狂欢节季，在欧洲很多狂欢节庆典上都融入了中国元素；元宵节期间，作为"欧盟心脏"的布鲁塞尔举办了大型中国灯展，欧洲民众也能品味"花市灯如昼"的热闹与喜庆；在一些重要节日，双方计划分别以红色和蓝色点亮中欧的著名地标；此外还有一系列文化展演、研讨交流活动。双方将更深入地感受彼此的风俗、文化，体验不同的生活方式和理念，促进民心相通。

中国和欧盟具有较为坚实的旅游合作基础。欧洲是中国公民出境旅游第三大目的地区域。据统计，2017年，首站访问欧洲的中国公民已经超过了600万人次，考虑欧洲以外地区来这里的中国游客，以及一次旅游会到访多个国家的现实，估计汇总起来的数据会超过1200万人次。欧盟统计数据显示，中国已成为欧盟第三大游客来源国，且赴欧旅游的中国公民数量近年来迅速攀升，2017年上半年增速高达65%。中国游客不仅对意大利、法国这些经典旅游目的地感

兴趣，也在更多地走向中东欧等新兴旅游市场。比如受热门影视剧影响，2017年克罗地亚的中国游客数量增长了10倍之多。欧盟国家赴华旅游的人数也相当可观，2017年增长8.9%。根据日前中国旅游研究院发布的《中欧共享住宿报告》，2016年12月至2017年11月，中国共接待6.2万人次欧盟游客，同比增长了62%。

为了促进包括旅游在内的中欧交往，人员往来便利化已被列为中欧合作"五大平台"之一，正在积极推进。根据双方达成的共识，欧盟在15个没有成员国使领馆的中国城市开设签证中心，极大地方便了中国游客申请签证。目前，双方已开始就更大范围的便利人员往来协定进行商谈，旨在为普通护照持有者提供签证便利化安排。此外增加中欧之间航线、航班，目前每周已有600多个航班往返于中欧之间，进一步便利了双方游客往来。欧洲目的地充分意识到中国市场的重要性，将不断加强与中欧旅游年官方合作伙伴的联系。通过与中国旅游研究院，"欢迎中国"认证合作等方式，深入了解中国游客的习惯与偏好，打造"面向中国人的服务接待体系"，赢得中国游客的青睐，从而实现中欧旅游市场的双赢。

（四）中国引领旅游支付新时代，推动全球旅游消费体验升级

随着移动支付的发展，目前国内旅游不管是景区、交通还是商场、酒店，绝大部分都可以使用移动支付，中国境内旅游市场在支付手段方面已走在世界前列，中国游客已习惯少携带现金的便利支付方式。当中国游客跨出国门，境外移动支付、在线产品预订等在需求倒逼之下蓬勃发展起来。

麦肯锡2018年10月发布的《中国出境游市场深度观察》报告用数据量化了这一变化：2017年全年，中国出境旅游人数就超过了1.31亿人次；预计2020年出境旅游人数将达到1.6亿人次，中国出境游增长势头强劲，且单次行程的消费额全球第一。中国出境旅游消费额预计将以6.1%的复合年增长率上升，2020年或将超过2万亿元人民币。而移动支付已成为45岁以下游客的常规付款方式，平均使用率为43%。支付宝数据显示，2018年十一黄金周期间，各个年龄层的游客的移动支付消费额均有上升趋势，中国人用支付宝境外人均消费比上年同期增长30%，其中60后境外游消费人数增长最多，为96%；而70后、80后境外游人均消费增长最多，均为35%。腾讯公司联合中国（深圳）

综合开发研究院和马蜂窝旅游网发布的首个《粤港澳大湾区跨境支付绿皮书》中显示：仅香港与内地之间，每天有近70万人次跨境往来；2018年上半年，微信支付在港澳地区的支付笔数比上年同期增长了7倍，其中90后广东游客在港澳移动支付消费笔数占比超过一半。

各个国家和地区为竞争中国出境旅游市场，纷纷为移动支付扫除障碍。对移动支付的普及，游客们有直观感受：欧洲知名的比斯特购物村旗下热门商户开通了支付宝并配备中文店员；法国春天百货为中国游客单独提供店内手机退税服务。澳大利亚凯恩斯市长Bob Manning近日在一段面向中国游客的视频里表示："凯恩斯人民欢迎中国游客黄金周来玩！我们这里风情美丽、人民友好，还有你们熟悉的移动支付！" 2018年国庆前夕，全球移动支付十大机场、十大商圈、十大中国城、十大奥特莱斯联合宣布旗下热门商户超九成支持支付宝付款，并为中国游客额外推出支付宝价与中文服务。不仅如此，全球已有80个机场支持支付宝实时退税，扫完码钱直接退回支付宝。在首批40个出境游不带钱包地标中，英国比斯特购物村以十一黄金周期间移动支付增长90倍的速度领跑所有热门目的地。

顺着中国出境游客的足迹，中国各企业顺势扩张海外业务，为更多国家和地区的人们带来移动支付的便利。2016年，支付宝与微信支付均拿到了香港金融管理局发布的港版"支付牌照"，同时推出本地化版本的支付App，即WeChat Pay HK与Alipay HK。其中支付宝在2018年3月与和记黄埔签订合作协议，成立AlipayHK合资公司。此外，自2015年开始向境外扩张后，目前支付宝已在印度、泰国、菲律宾、印度尼西亚、韩国、马来西亚、巴基斯坦、孟加拉、中国香港九地拥有本地钱包业务。2018年4月3日，全球旅游消费指南马蜂窝旅游网（以下简称"马蜂窝"）与银联国际宣布年度合作，银联卡受理网络紧跟旅行者的步伐延展到了168个国家和地区，境外超过2300万家商户可以使用银联卡消费，涵盖了吃、住、行、娱、购等旅游全部消费场景；境外超过164万台ATM可用银联卡提取现金，免除行前兑换货币的麻烦。境外38个国家和地区的30多万家商户已支持银联卡退税。通过合作，双方将实现业务层面的深度结合，利用马蜂窝大数据平台与银联卡全球受理网络，重塑自由行时代下的旅游消费环境。

可以预见，未来全球旅游消费者的旅游消费环境将更加顺利便捷，移动支付带来的支付革命将随着全球旅游业发展扩张到经济的各个领域。

三、未来旅游业仍将扮演经济增长的重要角色

（一）世界旅游组织：亚太旅游成果斐然，中国出境市场广阔

亚洲地区的旅游业发展成果突出，主要归功于技术进步、数字革命和区域间合作。目前亚太地区已占到世界旅游收入的30%，与2000年相比上升几乎一倍（17%）。在过去的20年中，亚太地区的旅游业率先完成了从工业时代向技术时代的转变，技术进步在两个方面为旅游业带来提升：一是运输革命，空运、水运、公路和铁路运输手段发生深刻的变革，交通时间和成本大大缩短；二是数字革命，信息和通信技术的使用使旅行发生了革命性的变化。以中国为代表的亚太地区处于世界前沿，通过互联网、移动电话和社交媒体的使用，改变了传统预订系统、住宿和交通方式。此外，亚太地区旅游业的区域和次区域合作是亚洲和世界经济一体化、可持续发展的一个关键特点，区域旅游合作框架已在过去的20年中取得经济和政治上的突出成就。

对中国出境旅游市场，世界旅游组织予以格外关注，推出《中国出境旅游市场透视：成功经验与解决方案》报告，指出中国出境游的大幅增长使全球很多旅游目的地随之受益，为当地旅游服务供应商带来巨大商机。由于中国幅员辽阔，城乡发展不平衡，中国游客的出境旅游需求、消费能力和消费偏好因地区而异。为更好地竞争来自中国的旅游客源，各国的目的地需要充分了解中国旅游市场的活力，并采取实用的营销方法，在广告、开发定制产品、与中国游客互动、为中国游客的旅行提供便利等方面做出提升。

（二）世界旅行与旅游理事会："新旅游家庭"将是旅游业未来增长点

从长远的角度来看，世界旅游业预计将保持蓬勃的发展态势，但世界旅游理事会强调，强势发展也需要强有力的管理措施。根据高盛2013年的研究报告，国内旅游的需求起点在收入略高于35000美元的级别，而国际旅游则以更高的50000美元收入作为起点。图8-6展示了即将迈入这些重要收入门槛的家庭数量，他们将有潜力成为"新旅游家庭"，构筑旅游业发展最坚实的基础。

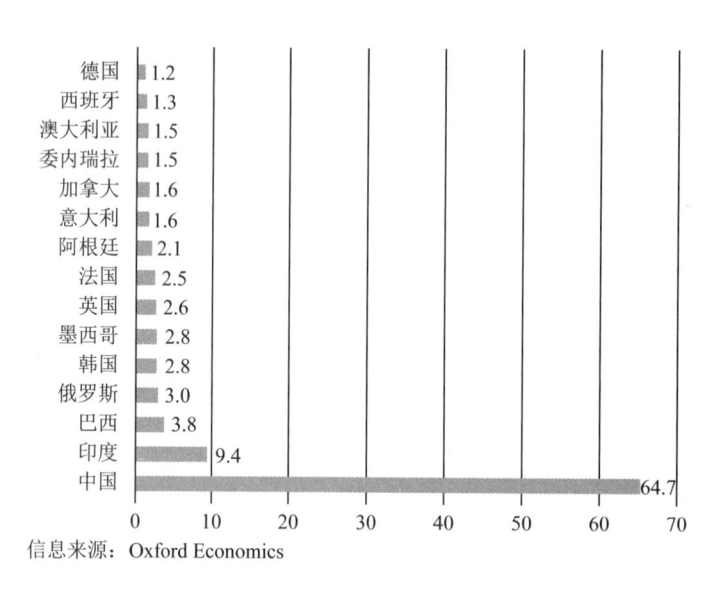

德国	1.2
西班牙	1.3
澳大利亚	1.5
委内瑞拉	1.5
加拿大	1.6
意大利	1.6
阿根廷	2.1
法国	2.5
英国	2.6
墨西哥	2.8
韩国	2.8
俄罗斯	3.0
巴西	3.8
印度	9.4
中国	64.7

信息来源：Oxford Economics

图 8-6　新增收入高于 35000 美元的家庭数量，2013 与 2017 年比较（单位：百万人）

资料来源：世界旅游理事会，2018 旅行和旅游全球经济影响报告

预计到 2027 年，中国将获得超过 6400 万的"新旅游家庭"，数目远超过其他国家。尽管 2017 年旅游业对 GDP 的直接贡献和总体贡献上，美国仍处于冠军位置，但世界旅游理事会预测，2028 年中国将在上述两个数据上均赶超美国。在未来的 10 年中，中国的旅行和旅游市场总量预计将达到 1.3 万亿美元（相比之下美国则为 4048 亿美元），年均涨幅 6.6%。此外，中国旅行和旅游业预计在未来 10 年直接产生 3400 万职位，远超过世界其他国家和地区。

（三）OECD：维持旅游业预算规模，制定长期发展战略

2018 年 3 月 OECD 发布《2018 年 OECD 旅游业发展趋势与政策》。报告指出，旅游业是 OECD 支柱产业之一，GDP 占比 4.2%，服务出口额占比 21.7%，关联就业人口占总就业人口 6.9%。近年来，OECD 旅游业呈稳步增长态势。2016 年 OECD 国际游客到访量约 6.8 亿人次，增长 3.9%，占全球国际游客到访量 55%；国际旅游支出（进口）6.25 亿美元，收入（出口）7.4 亿美元，全球占比分别达到 51% 和 60.4%。基于旅游业对经济增长的重要性，尽管财政收入趋紧，OECD 决策者仍然维持旅游业的预算资金规模。

报告强调，OECD旅游业能否实现长期稳定发展，将取决于其适应时代发展大趋势的能力。当前对旅游业发展影响最大的发展趋势有四个方面：一是随着中等收入群体持续扩大和人口老龄化，游客对旅游环境、相关基础设施和服务的需求将出现明显变化；二是气候变化特别是极端性气候将严重冲击旅游业，绿色、可持续的旅游是大势所趋；三是物联网、人工智能、区块链技术等新技术将催生更多新的高端个性化旅游产品；四是航空技术发展将降低运营成本，更低廉的票价将进一步增强游客的出行能力。

对此，报告建议，OECD国家的政策制定者要推动构建整体性政策框架，统筹相关政策领域，制定长期发展战略，并明确利益攸关方的角色与职能；通过大数据分析和情景规划，思考发展大趋势，研究前瞻性的旅游政策；加快法规框架现代化，在政策实施和评估过程中，注意做好政府、产业和民众间的交流沟通；加大对可持续旅游业的投资和融资支持力度；在提供投资和融资支持时，引入环境和可持续发展标准，鼓励旅游项目进行绿色融资。

（四）世界经济论坛：旅游业进入春天，中国应改善营商条件、保护自然环境

尽管保护主义倾向正将全球贸易拖入寒冬，但未能阻止国际旅游业进入春天。全球旅游产业的逆势增长正在帮助各地人民消除藩篱，搭建更多沟通的桥梁。与此同时，各国开发有效的签证政策也更好地保证了游客的出行安全与便利性。诸多证据表明，在第四次工业革命背景下，推进国家间互联互通是一国发展数字化战略的必要条件。亚洲成为全球入境人数增长最快的地区，旅游业的"亚洲世纪"已经到来。

世界经济论坛发布的《2017年旅游业竞争力报告》（双年刊）显示，在全球旅游业竞争力排行榜上，中国排名上升2位至第15位。中国的文化资源（第1位）和自然景观（第5位）排名全球领先。随着对旅游业发展的重视程度不断提高，中国旅游产业在国际开放程度、信息通信、旅游基础设施水平和游客服务水平等方面也都有所提升。报告建议，中国应提高大城市以外的居住空间供给，改善营商环境（第92位），并解决环境可持续性（第132位）问题，保护其独特的自然资源，从而进一步提高竞争力。

责任编辑：谯　洁
责任印制：冯冬青
封面设计：中文天地

图书在版编目（CIP）数据

2018年中国旅游经济运行分析与2019年发展预测 / 中国旅游研究院编. -- 北京：中国旅游出版社，2019.1
ISBN 978-7-5032-6189-3

Ⅰ. ①2… Ⅱ. ①中… Ⅲ. ①旅游经济－经济分析－中国－2018②旅游经济－经济预测－中国－2019 Ⅳ. ①F592.3

中国版本图书馆CIP数据核字（2019）第010591号

书　　名：	2018年中国旅游经济运行分析与2019年发展预测
作　　者：	中国旅游研究院编
出版发行：	中国旅游出版社
	（北京建国门内大街甲9号　邮编：100005）
	http://www.cttp.net.cn　E-mail:cttp@mct.gov.cn
	营销中心电话：010-85166503
排　　版：	北京旅教文化传播有限公司
经　　销：	全国各地新华书店
印　　刷：	北京工商事务印刷有限公司
版　　次：	2019年1月第1版　2019年1月第1次印刷
开　　本：	787毫米×1092毫米　1/16
印　　张：	7.75
字　　数：	120千
定　　价：	48.00元
ＩＳＢＮ	978-7-5032-6189-3

版权所有　翻印必究
如发现质量问题，请直接与营销中心联系调换